Mein kleines Gartenparadies

einfach gut leben

Mein kleines Gartenparadies

Anbauen, ernten und sich wohlfühlen im eigenen Grün

Marlies Busch

Dort-Hagenhausen-Verlag

Inhalt

Vorwort

Unsere Gärten, ob Schrebergarten, Bauerngarten, Vorgarten, Küchengarten, Guerillagarten, Fensterbank oder Balkon, sie sind Idyll und Projekt zugleich, Rückzug und Hobby, Heimat und Fremdland.
Das „gute und einfache Leben" in all diesen Gärten ist das Thema, denn wer wünscht sich nicht ein Stückchen Erde, das er bearbeiten kann. Die urbane Lebensweise lässt dafür nicht allzuviel Platz. Da kommt einem wieder die alte Idee des Schrebergartens in den Sinn. Die Kleingartenkunst wird neu entdeckt und erfährt eine Renaissance in unserer hektischen Zeit. Ein kleine Oase der Ruhe und Besinnlichkeit, ein ehrliches Stückchen Erde, das uns mit Gemüse und Obst überschüttet und uns zu Selbstversorgern werden lässt, eine Nische in der Natur. Wer träumt davon nicht? Nach getaner Arbeit in der Hängematte liegen und endlich einmal Löcher in die Luft gucken, das ist Erholung pur und macht uns wieder fit für den Alltag.

Aus Liebe zum Grün

Das gute, einfache Leben

Schnell ist die Maxime in unserem Leben: schnell mal irgendwohin fliegen, schnell telefonieren, schnell noch einkaufen gehen, schnell ins Auto springen, schnell, schnell, schnell! Wo bleibt da die Zeit für Muße und Besinnlichkeit? Eine kleine Oase der Ruhe und Gelassenheit ist das eigene Stückchen Erde und sei es auch noch so winzig. Für die Städter bietet sich hier der Schrebergarten an, ja, selbst der Balkon oder das Fensterbrett schaffen noch ein Plätzchen für die Natur.

So ein bisschen Erde bietet viele Möglichkeiten für die Freizeitgestaltung ganz ohne Hektik und Hetze, denn auch wenn man es noch so eilig hat, die Natur lässt sich nicht antreiben. Die Pflanzen wachsen in den Tempo, in dem sie eben wachsen, nicht schneller und auch nicht langsamer.

Die eigene Ernte

Die eigene Erzeugung von Nahrungsmitteln ist wohl die ursprüngliche Intention des Gärtnerns. Früher wurden Gemüsegärten angelegt, um die Existenz zu sichern. Doch die Nahrungsmittelskandale der letzten Jahre und die neue Lust am Landleben haben erneut Gemüsegärten boomen lassen. Waren Karotten, Lauch und Grünkohl in den letzten Jahren aus den Gärten verschwunden, so erobern sie jetzt ihren Platz zurück. Obst, Gemüse und Kräuter in einwandfreier Qualität sind gefragt wie nie, aber anders als früher muss der Anbau nicht nur praktisch, sondern

auch schön sein. Kombiniert wird mit Zierpflanzen, wie es früher in den Bauerngärten üblich war. Das Ergebnis kann sich sehen lassen!

Wer das Glück hat, einen Garten sein Eigen zu nennen, hat ihn vielleicht schon gefunden, seinen Sehnsuchtsort und sein kleines, grünes Paradies.

Erholung und Gesundheit pur

Man fühlt sich einfach gut, wenn man den Garten umgegraben oder den Rasen gemäht hat. Versonnen pflücken die Gartenliebhaber vertrocknete Blüten ab oder zupfen die lästige Spontanvegetation aus den Wegritzen. Der Garten macht zufrieden, die körperliche Arbeit hält gesund und fit, und der Spaßfaktor ist deutlich höher als beim Hantelstemmen im Fitnessstudio, denn man kann mit einem Ergebnis rechnen.

Nach getaner Arbeit wartet dann die Hängematte in einem schattigen Eckchen, und man kann endlich mal Löcher in die Luft gucken. Das ist Erholung pur und macht wieder fit für den hektischen Alltag.

Kleine Fluchten mit Hacke und Schaufel

Die Begeisterung fürs Gärtnern nimmt stetig zu, empfinden viele, darunter auch ich, diese Tätigkeit doch als meditative Beschäftigung. Schrebergärten erleben ein Comeback und der Altersdurchschnitt sinkt beständig, denn auch junge Leute und vor allem junge Familien wollen eine Oase im Freien. Wer nichts von alldem hat, kann immer noch seinen Balkon begrünen oder ganz im Sinne des Guerilla-Gardenings die nächste Baumscheibe oder den nächsten öffentlichen Grünstreifen.

In Berlin ist die Sucht nach dem eigenen grünen Fleck schon in vollem Gange. Am Kreuzberger Moritzplatz liegt der Prinzessinnengarten, eine gut 6000 m^2 große ehemalige Brache, die seit 2009 von etwa hundert engagierten Gärtnern bewirtschaftet wird. Viele alte, fast vergessene Gemüsesorten werden hier kultiviert, und sogar Berliner Sterneköche wie etwa Kolja Kleeberg reißen sich um einen Teil der Ernte.
Auch der Flughafen Tempelhof wurde mit Hacke und Schaufel und vielen Hochbeeten in eine Art Gartenanlage verwandelt, und selbst die coolen Berliner Stadtkinder graben ganz verzückt in der Erde. Es muss doch etwas dran sein am Glück im Grünen!

Die Faszination des Gärtnerns greift immer weiter um sich, und wer schon einmal erlebt hat, wie aus einem Samenkorn ein leckeres Radieschen wird, will darauf nicht mehr verzichten.

Die Vorreiter für die Berliner Gemeinschaftsgärten waren die New Yorker Community Gardens. Dort besetzten schon Anfang der 1970er Jahre engagierte Anwohner verwilderte Brachen und verwandelten sie in blühende Gärten. Nach über 30 Jahren haben diese Gemeinschaftsgärten eine wichtige Funktion für das Zusammenleben auch mit Migranten. Im interkulturellen „Wuhlegarten" bauen seit 2003 in Berlin-Köpenick Menschen aus elf verschiedenen Kulturkreisen miteinander Obst und Gemüse an. Mittlerweile gibt es in Berlin über ein dutzend Gärten, die nach dem Motto „zusammen garteln – Wurzeln schlagen" handeln.

Nach dem Motto „Platz ist in der kleinsten Hütte!" haben New Yorker Ideenfinder einen vertikalen Fenstergarten entworfen. Ein Hydrokultur-Einwegflaschen-System, genannt Windowfarming (www.windowfarming.org), macht es möglich, dass in hängenden Gärten Kräuter, Salate, Paprika, Tomaten oder Bohnen in den Fenstern wachsen. Eine spannende Alternative zur Gardine.

Leben im Garten auf dem Dach

Tipp

Eine „grüne Lunge" mitten in der Stadt, ein Lebensraum für Pflanzen und Kleintiere, ein optischer Gewinn und zudem auch noch ökologisch sinnvoll ist der Dachgarten oder das begrünte Flachdach.

In New York sind bereits 1/3 der bebauten Flächen von Dachgärten bedeckt und es fasziniert mich immer wieder, wenn man über die Stadt schaut. Es ist ein ästhetisches Vergnügen, die grünen Oasen in dem Dschungel aus Beton zu entdecken.
Hierzulande stehen den Ideen und dem Ansinnen, ein Flachdach zu begrünen, oft die Behörden im Weg. Bei Neubauten ist es am einfachsten, ein Gründach in den Bauplan mit einzubeziehen, aber bei einem älteren Objekt werden die Gestaltungsmöglichkeiten stark eingeschränkt. Umso glücklicher kann sich derjenige schätzen, der so einen Dachgarten sein Eigen nennen darf.
In der Nähe von Stuttgart macht sich dieser zauberhafte Garten auf einem Häuserdach breit und bereitet seinem Besitzer nicht nur ein Mehr an Wohn- und Lebensqualität, sondern ist auch ökologisch sinnvoll. Ist das Dach entsprechend gearbeitet, kann man mit einer erhöhten Lärm- und Wärmedämmung rechnen, von der äußerst ansprechenden Optik ganz zu schweigen.
Die Hängematte schaukelt im Wind, die Blumen und Sträucher schmiegen sich optisch zwischen die Schornsteine, und selbst die Tomaten fühlen sich auf dem Dach wohl. Große Bäume werden in riesige Töpfe gesetzt, ansonsten wächst alles in der aufgeschütteten Erde und sind wir doch ehrlich: Rasen mähen auf einem Dach macht gleich doppelt Spaß!

Selbstversorger aus dem eigenen Garten

Gemüse, Salat und Obst aus eigenem Anbau, davon träumen viele Städter. Nie mehr im Supermarkt anstehen, nie mehr Unmengen an Verpackung nach Hause schleppen und endlich richtig frisches, knackiges Gemüse bekommen. Es ist sicherlich sehr aufwendig, die Selbstversorgung auf alle möglichen Zutaten auszudehnen. Man sollte sich beispielsweise überlegen, ob man tatsächlich auch Eier von der eigenen Henne braucht oder doch lieber auf Eier aus dem Hofladen zurückgreift. Beschränkt man sich aber auf einige leicht zu kultivierende Gemüsesorten, Salate und das Lieblingsobst der Familie, so kann man einen guten Teil Selbstangebautes auf den Tisch bringen. Wir praktizieren das seit geraumer Zeit und glauben Sie mir, es gibt einen Unterschied zwischen Möhren aus dem Supermarkt und Möhren aus dem Garten, oder wie sie bei uns immer heißen: „Möhren aus der Erde".

Um tatsächlich einen vollständigen Selbstversorgergarten einzurichten, benötigt man allerdings pro Person etwa 50 m^2 Garten- bzw. Anbaufläche, die auch bewirtschaftet und gepflegt werden will. So viel landwirtschaftliche Tätigkeit verlangt oft den vollen Körpereinsatz und nimmt auch sehr viel Zeit in Anspruch. Daher sollte man sich genau überlegen, wie weit der Spaß geht und ab wann die Selbstversorgung zur Belastung wird. Besonders in der Stadt ist es zudem sehr schwierig, einen ensprechend großen Garten sein Eigen zu nennen.

Fangen Sie ruhig mit einer kleinen Ecke im Garten an. Dadurch entwickeln Sie ein Gefühl dafür, wie viel Aufwand welche Fläche erfordert. Wer keinen reinen Nutzgarten möchte, kann Kräuter und Gemüse auch zwischen Zierpflanzen ins Blumenbeet setzen. Viele Sorten schmecken nicht nur lecker, sondern sind auch noch hübsch anzusehen. Mangold zum Beispiel mit seinen hübschen, bunten Stängeln ist eine Zierde für sich, ebenso wie der Palmkohl oder die Rote Bete.

Doch bevor Sie loslegen, fragen Sie sich vor allem, welches Gemüse und welche Salate Sie und Ihre Familie wirklich mögen und in welcher Menge sie welche Sorte benötigen. Eine vorausschauende Planung ist notwendig, da Sie sonst manchmal die Erntemenge kaum bewältigen können oder an anderen Tagen kaum etwas geerntet werden kann. Bei guter Einteilung können sie sich von April bis November den Weg zur Gemüseabteilung komplett sparen!

Tipp

Gärtnern soll vor allem Spaß machen und auch Erholung sein, also planen Sie Ihren Garten so, dass Ihnen die Arbeit nicht über den Kopf wächst.

Ein Idyll mit landwirtschaftlichem Charakter

Ein idyllischer Garten mit Obst, Gemüse und Salat und daneben eine Weide auf der einige Schafe oder Ziegen grasen ... Hühner laufen scharrend umher und legen fröhlich das Frühstücksei. So sieht wohl für manchen Städter sein ideales kleines Gartenparadies für Selbstversorger aus. Will man wirklich so weit gehen und eine kleine Landwirtschaft aufbauen, so muss man dringend dafür sorgen, dass den Tieren ausreichend Platz zur Verfügung steht.

Schafe brauchen eine richtige Weide, mit einem kleinen Stückchen Rasen auf der Obstbaumwiese sind sie nicht zufrieden. So hätten die Schäfchen gerne, je nach Grasqualität, etwa 1000 m^2 pro Tier. Auch die niedlichen Quessants, die kleinste Schafrasse Europas, brauchen noch 700 m^2 für den Schafskopf, sodass bei einer Haltung von mindestens drei Schafen die Wiese 2100 m^2 nicht unterschreiten sollte. Zudem ist bei einer ganzjährigen Beweidung eine Ausweichwiese unerlässlich, sonst besteht die Gefahr, dass die Parasiten überhand nehmen. Ein fester Stall ist zwar nicht unbedingt erforderlich, für den Winter aber oder wenn die Mutterschafe lammen wäre ein wettergeschützter Unterstand hilfreich. Die Schafhaltung ist also nicht ganz einfach und in kleinen Gärten schlichtweg unmöglich.

Die fröhlichen Zwergziegen sind schwerlich im Zaum zu halten. Sie brauchen einen stabilen, hohen Zaun, da sie aus dem Stand etwa 1,20 m hoch springen können. Ein Stall ist dringend erforderlich und, da sie verspielte Zeitgenossen sind, auch einige Gerätschaften wie eine Rutsche oder einige höhere Baumstümpfe, damit sie etwas zum Klettern haben. Auch sie brauchen fast so viel Platz wie ihre wolligen Freunde. Eine kleine Ecke oder gar ein Pflock auf der Wiese für eine einzelne Ziege ist nicht artgerecht.

Fehlt im kleinen Paradies nur noch das lebhafte Huhn, das für das tägliche Frühstücksei sorgt. Haben Sie viel Platz, dann können Sie aus dem Vollen schöpfen, denn es gibt sehr viele Hühnerrassen. Ist Ihr Platzangebot jedoch beschränkt, dann müssen Sie sich daran gewöhnen, dass das Frühstücksei etwas kleiner ausfällt, denn dann kommen nur Zwerghuhnrassen in Frage. Einen Hühnerstall

Tipp

Sie haben Lust auf tierische Gesellschaft in Ihrem Garten? Halten Sie sich an die kleinen Vertreter der jeweiligen Tierart, wenn Sie nicht ein wirklich großes Grundstück besitzen.

und ein einbruchsicheres Gehege brauchen alle Hühner, denn der Marder ist ihr Feind und ein geschickter Jäger, der sich auch von einem Zaun und einem Stall nicht beeindrucken lässt. Auch der Fuchs ist in unseren Städten mittlerweile heimisch und freut sich über das Angebot.

Denken Sie immer daran, wenn Sie sich ein Nutztier oder überhaupt ein Tier zulegen, dass es sich wohlfühlen muss und Pflege braucht. Das Platzangebot, die Umgebung, das Futter und die Gesellschaft müssen stimmen. Einige Tiere fühlen sich beispielsweise nur in der Herde wohl und können daher nicht einzeln gehalten werden. Wenn Sie dann noch etwas Zeit und liebevolle Behandlung investieren, haben Sie sicher viel Freude in Ihrem Gartenparadies mit dem lieben Vieh.

TIPP

Denken Sie auch an die lieben Nachbarn. Nicht auf jedem Grundstück dürfen Nutztiere gehalten werden.

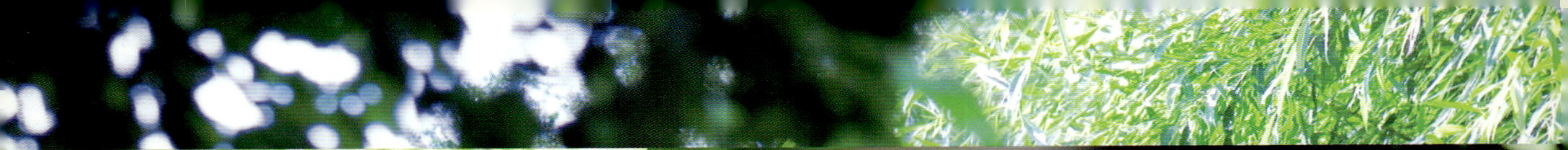

Frühling – Gärtnern aus Leidenschaft

Was ist im Frühling im Garten und auf dem Balkon zu tun?

Es wird Frühling und die Natur erwacht aus ihrem Winterschlaf. Ich werde, wie alle Kleingärtner, magisch angezogen von meinem Stückchen Land und will wieder Erde in den Händen halten. Jetzt kann der Winterschutz entfernt werden, das alte Laub wird zusammengerecht und kompostiert, die Staudenreste werden beseitigt und die Gartenmöbel geputzt.

Den Anbauplan für das kommende Gartenjahr habe ich schon in den Wintermonaten erstellt, denn baut man die gleichen Kulturpflanzen jedes Jahr wieder auf dem gleichen Beet an, nimmt der Ertrag ab, der Boden wird „müde" und Krankheiten und Schädlingsbefall nehmen zu.

Ich bereite den Boden einige Wochen vor der Aussaat vor, arbeite die abgestorbenen Teile der Gründüngungspflanzen oberflächlich ein und lockere den Boden leicht auf.

Jungpflanzen wie zum Beispiel die Tomate kann ich nun schon anzüchten, andere Pflanzen können im Gewächshaus oder im Frühbeet ausgesät werden.

Stauden, die im Sommer und Herbst mit ihren Blüten erfreuen, haben jetzt Pflanzzeit. Blühfaule Stauden oder diejenigen Stau-

den, die einfach zu groß geworden sind, teile ich jetzt und setzte sie neu ein.

Den Rückschnitt von Sträuchern und Hecken sollte man möglichst schnell abschließen, denn die Vögel sind schon auf der Suche nach Nistplätzen und es wäre wünschenswert, wenn sie dabei nicht mehr gestört werden.

Versierte Hobbygärtner, die einen schönen, saftiggrünen Rasen haben wollen, bringen schon früh den ersten Dünger aus. Zwei bis drei Wochen später werden durch vertikulieren der Rasenfilz und das Moos entfernt, und die Spuren der Schönheitskorrektur sind durch das Düngen vorab schnell verschwunden. Als Hundebesitzer verzichte ich vorsichtshalber auf den Rasendünger, nicht jedoch aufs Vertikulieren.

Bereits Ende März können die robusten Sommerblüher wie die Kornblume, die Jungfer in Grün oder die Ringelblume ausgesät werden, auch Radieschen, Möhren, Zwiebeln oder Spinat und Erbse können schon ins Freiland.

TIPP

Balkonbesitzer säen ihr Gemüse in Balkonkästen oder Blumentöpfe, damit sie an geschützten Orten schnell zu keimen beginnen.

Boden vorbereiten, Kompost ausbringen

Sobald der Boden abgetaut ist, beginne ich mit der Vorbereitung für die Einsaat. So kann der Boden sich noch absetzten, und die erste Frühlingssonne wärmt ihn schon auf. Die abgestorbenen Teile der Gründüngungspflanzen wie Spinat oder Senf werden entweder abgeharkt oder in die obere Schicht der Erde eingearbeitet. Leichte Böden werden 3 bis 4 cm tief gelockert, so zerstört man die Bodenkapillare nicht, die für die natürliche Wasserversorgung zuständig sind. Schwere, lehmhaltige Böden müssen etwas tiefer umgegraben werden. Ein sandiger Boden lässt sich leicht zerreiben und kann nicht zu einer Kugel geformt werden, ein lehmiger Boden ist sehr tonhaltig und nimmt schnell Form an. Dazwischen gibt es natürlich auch viele Mischformen.

Das zeitige Frühjahr eignet sich auch gut, um eine Bodenprobe zu entnehmen und den Nährstoffgehalt, den PH-Wert und den Humusgehalt zu überprüfen. Auf der Basis dieser Ergebnisse wird dann noch gedüngt, sodass noch 3 bis 4 Wochen bis zur Aussaat bleiben. Für die meisten Pflanzen ist ein pH-Wert um 5,5 bis 7,5 gut, 7 ist neutral, darunter ist der Boden eher sauer, darüber eher basisch. Lassen Sie die Bodenprobe in einem Labor untersuchen. Bei guten Anbietern erhalten Sie gleich eine Analyse mit Lösungsvorschlägen.

Organischer Dünger wie Kompost, Hornspäne oder gut kompostierten Stallmist bringe ich dünn auf das Gemüsebeet aus und

harke ihn in die oberste Schicht ein. Dann kann die Pflanzzeit und Aussaat beginnen, auf die sich jeder Gärtner schon freut.

Sie müssen aber nicht warten, bis Ihre Gartenabfälle vollkommen verrottet sind. Pflanzenreste und zerkleinerte Holzstücke lassen sich schon nach 3 Monaten zum Mulchen verwenden. Leicht verrottete Holzabfälle, den sogenannten Rindenmulch, finden Sie auch im Handel. Vermischt mit Hornspänen können Sie damit das Beet bedecken, sollten allerdings ganz junge und empfindliche Pflänzchen auslassen.

Auch die Gründüngung ist eine arbeitssparende Methode, den Boden zu verbessern, und mein Favorit, denn ich säe auf ungenutzten Flächen schnell wachsende Pflanzen wie Spinat oder Senfsaat. Die oft tief reichenden Wurzeln sorgen für eine gute Belüftung, verhindern die Erosion, und die Pflanzen halten durch dichtes Blattwerk den Boden feucht. Im Frühjahr harke ich die Blattreste ab oder arbeite sie in den Boden ein. Eine gute Alternative für faule Gärtner.

Tipp

In einem Garten gilt immer die Maxime: guter Boden, guter Ertrag. Erntemenge und Qualität stehen und fallen also mit der Bodenbeschaffenheit.

Baumpflege ein Thema im frühen Frühling

TIPP

Die Gemeinschaftsarbeit in den Schrebergärten im Frühling und im Herbst, wenn die öffentlichen Wege gepflegt werden, ist ein wunderbares Miteinander.

In den Wintermonaten ist der Gehölzschnitt ein wichtiges Thema für jeden Gärtner und in den Kleingartenanlagen wird heiß diskutiert, wie und wann was geschnitten werden muss. Ziel des Schnitts ist es nicht nur, Bäumen oder Sträuchern eine harmonische Form zu geben, sondern auch den Ertrag zu steigern, Krankheiten vorzubeugen und die Blühfreudigkeit zu erhöhen.
Trockene, kranke oder beschädigte Triebe werden ausgeschnitten. Keinesfalls sollte man sich aber dazu verleiten lassen, den sogenannten „Hausmeisterschnitt" anzuwenden, bei dem alle Äste des Zierstrauches gerade auf gleicher Ebene gekappt werden. Dadurch verliert der Strauch zum einen seine natürliche Form, zum anderen werden auch die kräftigen, jungen Triebspitzen entfernt, wodurch die Sträucher noch höher werden, im unteren Bereich aber verkahlen. Besser ist es dagegen, alles alte Holz im Inneren direkt am Boden zu entfernen oder auf die Jungtriebe abzuleiten, so können die jungen Triebe auch im Inneren wieder eine Vielzahl von Blättern bilden. Ansonsten sollte man sich nach der natürlichen Form des Strauches richten.

Für die Wahl des richtigen Obstbaumschnitts spielen viele Kriterien eine Rolle. Für den einen Gärtner ist der Ertrag das wichtigste, der andere richtet sich nach dem ästhetischen Anblick. Einige eingefleischte Gartenbesitzer wollen wiederum ihre Obstbäume gar nicht schneiden. Durch den Schnitt wird aber die Lebensdauer der Bäume verlängert und sie bleiben länger gesund. Denn der

Apfelschorf, eine der häufigsten Pilzerkrankungen, und Schädlinge haben dann weniger gute Ausgangsbedingungen. Der starke Wechsel zwischen keinem Obstertrag und sehr hohem Ertrag verringert sich, außerdem sind die Früchte von höherer Qualität und werden durch die bessere Belichtung meist größer.

Eine Herzensangelegenheit aller Gärtner ist der Schnitt der Rosenstöcke, denn die Rose gehört als Königin der Blumen zu den schönsten Blühsträuchern in unseren Gärten. Aber auch sie braucht, damit sie regelmäßig blüht und gesund bleibt, einen Rückschnitt, der am besten im Frühjahr stattfindet. Ende März bis Anfang April ist die ideale Zeit dafür.
Beetrosen verkahlen sehr schnell, daher müssen alle zu dünnen und erfrorene Triebe entfernt werden. Die restlichen Triebe werden je nach Wüchsigkeit der Rosensorte zurückgeschnitten. starkwüchsige Sorten auf sechs bis acht Augen, schwachwüchsige auf drei bis fünf Augen. Das letzte Auge sollte dabei immer nach außen zeigen.
Die Strauchrose schenkt dem Gärtner nach dem jährlichen Schnitt umso mehr Blüten. Auch bei diesen Sorten sollten alle vergreisten Triebe wie auch die dünnen und erfrorenen Triebe entfernt werden. Die kräftigen Triebe kürzt man um etwa ein Drittel ein. Einmal blühende Strauchrosen benötigen keinen jährlichen Schnitt, denn die Blüten bilden sich nur am mehrjährigen Holz. Lediglich dünne und vertrocknete Triebe sollten entfernt werden.

Tipp

Nur die waagrechten Äste tragen ordentlich Obst, so ist es sinnvoll, die senkrecht in den Himmel ragenden Zweige mit kleinen Eimerchen, beschwert mit Steinen als Gewicht, zu behängen.

Was wächst wo und wann?

Im März und April beginnt für den Gärtner das Gartenjahr mit aller Macht. Nun wird endlich wieder gedüngt, eingetopft, gesät und gepflanzt.

Der schnelle Zarte

Der Spinat zählt zu den Ersten, die im neuen Gartenjahr ausgesät werden können, denn er keimt auch bei niedriger Bodentemperatur und ist nach einigen Wochen bereits erntereif. Er liebt humosen, feuchten Boden ohne eine extra Portion Stickstoffdünger, denn er zählt zu den nitratspeichernden Pflanzen, die das Überangebot als Oxalsäure und Nitrat speichern. Spinat schmeckt übrigens auch als junge Salatpflanze.

Die Zaghafte

Auch die Karotte benötigt einen geringen Wärmegrad und kann daher schon im März ausgesät werden. Der Boden sollte tiefgründig und locker sein, eine Abdeckung mit einem Frostvlies ist in den ersten Wochen empfehlenswert.
Neben der Karotte kann auch die Pastinake, eines der ältesten Wurzelgemüse, gesät werden, da deren Anbau völlig unproblematisch ist. Das Saatgut etwas dicker in einen tiefgründigen und humosen Boden säen. Wie die Karotte auch ist die Pastinake gerne den Angriffen der Möhrenfliege ausgesetzt, was man durch Zwiebeln in den Zwischenreihen verhindern kann.

Scharfes Gemüse
Rettich und Radieschen kann man von Ende März bis in den September im Garten anbauen, im Frühbeet sogar schon im Februar. Extra düngen muss man die Beete, in denen Radieschen wachsen, nicht, denn die Pflänzchen gehören zu den Schwachzehrern.

Die Wilde
Zucchini werden nach den Eisheiligen gesät oder ausgepflanzt. Bei guter Wasser- und Nährstoffversorgung wachsen sie schnell und tragen üppig.
Meist kultiviert man die grünen Sorten, aber ein Geheimtipp: Die gelben Sorten haben mehr Aroma!

Tipp
Die ersten frischen, selbstgezogenen Radieschen aus dem eigenen Grün schmecken unvergleichlich gut und schaffen den Weg bis in die Küche oft gar nicht, denn sie werden gleich vertilgt.

Die rote Runde
Es gibt viele Gründe, die Tomate im Garten selber anzubauen. Der gute Geschmack, die Bevorzugung einer bestimmten Sorte und die Tatsache, wirklich ungespritzte Früchte zu bekommen, sind nur einige davon. Mitte März ist die ideale Zeit, die Tomaten vorzuziehen, ab Mitte Mai können sie dann ins Freiland.

Die grüne Empfindsame
Nach den Eisheiligen kann auch die empfindsame Gurke ausgesät werden. Gewiefte Gärtner haben sie schon seit Anfang April in kleinen Joghurtbechern auf dem Fensterbrett vorgezogen. Traditionell werden die Freilandgurken auf dem Boden liegend kultiviert, aber seit einigen Jahren setzt sich das Aufleiten an einem Rankgerüst durch.

Die dicke Beere
Das Kürbisfieber macht auch vor dem Garten nicht halt. Was im Herbst auf den Tisch soll, muss im Frühjahr gepflanzt werden! Die Vielzahl der Sorten macht die Auswahl schwer, dafür ist der Anbau umso einfacher.
Ein sonniger Standort, ein lockerer, humosiger Boden und ein bisschen Platz, den Rest macht der Kürbis fast von alleine. Versierte Gärtner kultivieren in kleinen Töpfen vor, dann, nach den Eisheiligen, darf das Pflänzchen ins Freie, oder man sät ihn gleich in den Garten.

Tipp
Ab April kann man den Kürbissamen auch gleich aussäen, wenn man keine Lust oder keinen Platz mehr hat, um ihn vorzuziehen.

Frühbeet und Gewächshaus

Mit dem Pflanzhütchen schaffen Sie sich einen kleinen Vegetationsvorsprung, denn darunter entwickelt sich ein Treibhausklima. Zudem bleibt der Salat sauber und nicht zuletzt macht das Hütchen es den Schnecken schwer, sich am Salat zu bedienen.

Als Gärtnerin bin ich es gewohnt, mich nach dem Lauf der Jahreszeiten zu richten, will aber mein Gemüse und meine Salate auch so früh wie möglich ernten. Manchmal gibt es in den Kleingartenanlagen einen richtigen Wettbewerb, wer die Natur am besten ausgetrickst hat. Um die Ernte so zeitig wie möglich einzufahren, bieten sich Folien, Vliese oder Folientunnel an. Glücklich kann sich schätzen, wer ein Frühbeet oder gar ein kleines Gewächshaus sein Eigen nennt, denn er kann ohne großen Aufwand manchmal schon im April die ersten Gemüse und Salate ernten.

Die Kosten sind gering, der Nutzen ist jedoch hoch und mit einem Frühbeet, das man durchaus auch selber bauen kann, fangen Sie die ersten Sonnenstrahlen ein und bereiten den Pflanzen ein wohliges Zuhause.

Der Boden sollte aus 5 cm Laubschicht, idealerweise 30 cm gut verrotteter Stallmist oder alternativ Kompost und 20 cm Gartenerde bestehen. Der Abstand zu den Fenstern sollte aber mindestens noch 20 cm betragen. Wenn sich im zeitigen Frühjahr das Beet durch auflegen der Fenster gut erwärmt hat, kann man mit dem Pflanzen beginnen.

Ab Februar säe ich schon Frühsalate, Gartenkresse und Radieschen aus, auch Kerbel, Kohlrabi, Kopfsalat und Rettich kommen schon in die Erde.

Ab Mitte März kümmere ich mich um das Frühgemüse und nutze den übrigen Platz noch für die Anzucht der Jungpflanzen.

Wer noch Platz hat, kann ab Mitte April Chili, empfindliche Gurken, Paprika, Zucchini und Tomaten in Töpfen in das Frühbeet stellen.
Das Frühbeet eignet sich auch für die Anzucht von Fenchel, allen Kohlarten, Porree, allen Salatsorten und Sellerie.

Die empfindlicheren Pflänzchen fühlen sich im Gewächshaus wohler. Dort lassen sich auch viele Blumen und verschiedene Gemüsearten, wie auch einige Obstsorten gut kultivieren. Der Boden sollte mit reifem Kompost gedüngt werden, denn durch das schnellere Wachstum der Pflänzchen, besonders der Starkzehrer, brauchen sie mehr Nährstoffe.
Nicht alle Pflanzen kommen mit den Verhältnissen unter Glas zurecht, einige Anbieter weisen aber bei Samen darauf hin. Ansonsten kann gepflanzt werden wie beim Frühbeet.

Wer nicht viel Geld investieren möchte, kann sich auch für die einfachste Variante entscheiden, den Folientunnel. Er ist zwar nicht so langlebig und nicht so stabil, aber gerade bei Platzmangel bietet er eine gute Lösung.

Wir freuen uns immer schon im Frühjahr über den ersten Salat, und die ersten Radieschen werden von meiner Familie begeistert aus der Erde gerupft und vor Ort verspeist.

Die allererste Ernte im Jahr – der Rhabarber

Würziger Rhabarbersenf

200 g Rhabarber
100 ml Wasser
100 g gelbes Senfpulver
100–150 ml Himbeeressig
6 EL Honig
Estragon nach Belieben

Hört sich exotisch an, aber Rhabarbersenf ist unübertroffen schmackhaft und veredelt auch die einfachste Grillwurst. Schnell gemacht und genauso schnell verspeist ist der fruchtige Senf eine echte kulinarische Köstlichkeit.
Der Rhabarber, botanisch ein Gemüse, hat nur eine kurze Saison. Bis zum 24. Juni kann man ihn ernten, dann setzt der zweite Wachstumsschub ein, dessen Kräfte die Pflanze zum überwintern benötigt, sonst fällt die Ernte im nächsten Jahr kläglich aus. Also nutzen Sie die Erntezeit!

■ Den Rhabarber schälen und klein schneiden. Mit dem Wasser aufkochen und köcheln lassen, bis er zerfällt und die Flüssigkeit auf die Hälfte reduziert ist.

■ Das Senfpulver zusammen mit dem Himbeeressig und dem Honig unter den Rhabarber rühren. Die Menge des Himbeeressigs ergibt sich aus der Konsistenz. Ist die Masse zu fest, einfach etwas mehr Essig unterrühren.

■ Nach Belieben klein geschnittenen Estragon unterrühren.

■ Den Senf in saubere Gläser oder Keramikgefäße geben und nach dem Abkühlen verschließen.

Er hält sich einige Monate, aber einmal probiert ist der Rhabarbersenf sicherlich vor dem Ablaufdatum schon lange verspeist.

Rhabarbercrumble – eine leckere Süßspeise

Für 4–6 Portionen

300 g Rhabarber
60 g Puderzucker
1 Prise Salz
1 Vanilleschote
120 g Butter
110 g Mehl
75 g Zucker
6 EL weißer Zucker

Da die Rhabarberzeit sehr kurz ist, sollte man sie nutzen. Diese Süßspeise ist schnell gemacht und übertrifft alle Erwartungen. Übrigens für alle, die im Herbst auch noch mal in den Genuss eines Crumble kommen wollen, das Rezept lässt sich auch abwandeln. Mit Äpfeln oder Zwetschgen wird daraus ein schneller, köstlicher Kuchen.

■ Den Rhabarber schälen und in Stücke schneiden. In eine gefettete Auflaufform schichten und mit Puderzucker, 1 Prise Salz und dem Mark der Vanilleschote mischen.

■ Für die Crumble die Butter in kleine Stücke schneiden und mit dem Mehl und dem Zucker verkneten. Als Streusel auf den Rhabarber streuen und bei 160 °C im vorgeheizten Backofen backen, bis die Streusel leicht braun sind.

Tipp

Der Crumble schmeckt besonders gut, wenn er lauwarm mit ungeschlagener Sahne oder Vanilleeis serviert wird.

Aprilernte aus dem Gemüsebeet

Die Radieschen und der Spinat gehören zu den Schnellstartern unter den Gemüsearten, denn sie brauchen nur knapp vier Wochen von der Aussaat bis zur Ernte. Je nach Witterung kann bereits ab Ende März geerntet werden.

Spinatsalat mit Brie

Für 4 Portionen

500 frischer Blattspinat
2 EL Sesam
200 g Brie
2 Pfirsiche oder Nektarinen
2 EL Zitronensaft
Salz, Pfeffer, Muskatnuss
8 EL Rapsöl oder Walnussöl

■ Den geputzten Spinat abtropfen lassen. Die Sesamkörner in einer trockenen Pfanne kurz rösten.

■ Den Brie in Würfel schneiden. Die Pfirsiche oder Nektarinen vierteln, dabei den Stein entfernen, und mit dem Zitronensaft beträufeln.

■ Alles zusammen in einer Schüssel vermengen, mit Salz, Pfeffer und Muskatnuss abschmecken und mit etwas Öl beträufeln.

Eine wunderbare, sehr frische Variante, um den ersten Spinat aus dem Gemüsebeet zu verarbeiten. Die ersten Blättchen sind frisch und knackig und schmecken als Salat einfach am besten.

Radieschenbutter

Für 6–8 Portionen

1 Bund Radieschen
1 Bund Schnittlauch
250 g Butter
Salz, Paprikapulver oder Chilliflocken
Zitronenpfeffer
etwas Zitronensaft

■ Die Radieschen gründlich putzen und fein würfeln. Den Schnittlauch waschen, trocken schütteln und in Röllchen schneiden.

■ Die Butter schaumig rühren und die Radieschen und den Schnittlauch untermischen. Mit Salz, Paprikapulver, Zitronenpfeffer und -saft abschmecken und mit Hilfe von Pergamentpapier zu einer Rolle formen.

■ Die Rolle einige Stunden im Kühlschrank erkalten lassen.

Tipp

Zusammen mit frischen Brezen und dekoriert mit einer Lauchblüte schmeckt die Radieschenbutter ganz besonders gut im Biergarten.

Die ersten schönen Tage locken die Besucher in den Biergarten und die ersten, zarten Radieschen sind im Garten herangewachsen. Was liegt da näher als sie zu einer köstlichen Butter zu verarbeiten, die hervorragend zu frischen Brezen passt?

Frühlingsblumen und erstes Grün

Winterlinge und Schneeglöckchen haben sich schon vor Wochen durch die Erde gekämpft, und nun steht der große Auftritt von Narzissen und Tulpen kurz bevor. Vergissmeinnicht, Stiefmütterchen oder die Küchenschelle schließen die Lücken, und Ende März warten Frauenmantel, Storchschnabel und die Prachtspiere auf ihren Auftritt. Die Polsterstauden wie Blaukissen oder Steinkraut verleihen den Steingärten wunderschöne Farbtupfer, und über allem trohnt der purpurfarbene Riesenlauch, der bis zum Mai mit seinen kugeligen Blütenköpfen alle anderen Pflanzen überragt und auch noch im verblühten Zustand eine Augenweide ist.

Die ausbreitungsfreudigen Blausternchen, ursprünglich aus dem südlichen Russland, erfreuen uns mit ihren hängenden violettblauen Blüten. Im Sommer ziehen sie sich zurück und sind nicht mehr zu sehen.

Wenn der Frühling seine ersten Sonnenstrahlen in den Garten schickt, ist es Zeit, den Frühstückstisch draußen zu decken.

Die hübsche blaue Traubenhyazithe feiert ihre Renaissance, denn noch vor ein paar Jahren war sie aus der Mode gekommen. Die Staude fühlt sich in der Sonne und im Halbschatten wohl und bildet in Laufe der Zeit Horste mit grasähnlichen Büscheln, die sich schon im Herbst zeigen.

Die Hyazinthe hat einen unverwechselbaren, schweren, süßlichen Duft, der sich über den ganzen Garten legt, wenn man entsprechend viele Zwiebelchen gesteckt hat. Die großen, walzenförmigen Blütentrauben gibt es in nahezu allen Pastellfarben.

Der filigran wirkende Kugellauch wird bis zu 70 cm hoch, und der beeindruckende Riesenlauch überragt ihn noch um einiges. Besonders apart ist der Sternkugellauch, der mir auch getrocknet noch lange Freude macht, wenn er in der Vase steht.

Die Narzisse, der Klassiker unter den Frühlingsblühern, bringt schon im März die ersten gelben und weißen Farbtupfer in den Garten.

Die fröhliche Tulpe bezaubert uns in allen Farben und Schattierungen, sogar schwarze und blaue Blüten hat sie im Repertoire. Besonders liebreizend sehen sie zusammen mit den Traubenhyazinthen aus.

Ziergehölze eine Zierde

Hübsch anzusehen sind die Apfelblüten, wenn sie den ganzen Baum in ein Weiß mit zartem Rosa tauchen.

Die Ziergehölze und Bäume bestimmen den Charakter eines Gartens, sie bieten Sichtschutz, schaffen Schatten und sorgen für Atmosphäre. Gerade im Frühling erfreuen sie uns aber auch mit ihren Blüten und ihrem Duft.

Der großblumige Schneeball erfreut mich im Frühling immer wieder mit seinen hübschen, ballförmigen Blütendolden und seinem wunderbaren Duft. Der Strauch ist breit, aufrecht und locker aufgebaut und erreicht eine Höhe von 3 m.

Eines der bekanntesten Ziergehölze, das uns besonders zur Osterzeit Freude macht, ist die Forsythie. Ihrem deutschen Namen „Goldglöckchen" macht sie alle Ehre, sieht sie im Frühling doch tatsächlich aus, als wäre sie mit Gold bestäubt. Wenn der Garten noch trist und kahl ist, macht sie als erste Laune auf das kommende Gartenjahr.

Die Sortenvielfalt des Flieders ist unüberschaubar, er zeigt seine Blüten in allen Schattierungen von Weiß über Rosa bis zu Lila, die zudem wunderbar duften. Mit den Jahren wachsen die Sträucher zu Bäumen heran, die mit einer Wuchshöhe von bis zu 5 m ganz schön stattlich sein können.

Die Blüten der Magnolie sitzen wie kleine Tulpen an dem noch blattlosen Baum, daher kommt auch der volkstümliche Name Tulpenbaum. Meist schon Mitte bis Ende April, wenn die Natur gerade erst erwacht, hat die Magnolie ihren großen Auftritt und zeigt ihre rosafarbenen, purpurnen oder weißen Blüten.

Ein Frühlingsgarten ohne blühende Obstbäume ist zu bedauern, gehören doch Apfelbäume, Kirschbäume oder Zwetschgenbäume untrennbar zum Bild eines ländlichen Gartens. Platzmangel ist kein stichhaltiges Argument, denn es gibt Säulenbäume, die sich lediglich senkrecht ausbreiten und somit selbst auf dem kleinsten Balkon ein Plätzchen finden. Umso größer ist dann die Freude, wenn im Frühling die Obstbaumblüte beginnt. Was gibt es Schöneres als einen blühenden Kirschbaum? Fragen Sie einen Japaner und er wird ihnen vom Kirschblütenfest erzählen, wenn ganze Parks in zartes Rosa getaucht und die Menschen bezaubert sind von diesem Sinnesrausch.

Der Spierstrauch, der Flieder und die blühenden Obstbäume tauchen den Garten in eine weiße Wolke und erfreuen nicht nur das Auge, sondern mit ihrem zarten Duft auch die Nase.

Das schönste Frühlingsfest ist Ostern

Ob sich das Wort Ostern nun von „Ostara", dem althochdeutschen Wort für Osten, oder „Eostre", dem angelsächsischen Namen für die teutonische Göttin der Morgenröte, des Frühlings und der Fruchtbarkeit, ableitet, es ist auf jeden Fall mehr als nur das Fest der bunten Eier, der Schokohasen und des fröhlichen Zusammenseins. Am Sonntag nach dem ersten Frühlingsvollmond wird die Auferstehung Jesu Christi gefeiert, denn der Ostersonntag ist der Tag, an dem das verlassene Grab Jesu gefunden wurde.

Mit dem Palmsonntag beginnt die Karwoche, die letzte Lebenswoche Jesu. Gerade in katholischen Gegenden finden sich in den Gärten oft reich verzierte Palmstöcke oder Palmstangen, an denen lange, bunte Bänder, gefärbte, ausgeblasene Eier und Äpfel oder Gebäck hängen.

Traditionell kommen am Donnerstag vor Ostern dann die ersten frischen Kräuter aus dem Garten auf den Tisch. An diesem Tag ausgesäten Kräutern sagt man besonders heilkräftige Wirkung nach und auch Blumen, die am Gründonnerstag ausgesät werden, sollen sich auffällig schön entwickeln. Der darauf folgende Karfreitag ist der Tag der Kreuzigung Jesu und daher ein stiller, Tag, an dem sogar die Kirchglocken schweigen.

Der Ostersonntag ist der wichtigste Tag der Osterfeiertage und auch für uns Gartenliebhaber der wohl schönste. Endlich nach der langen Winterzeit können wir zwischen Tulpen und Narzissen die Osterkörbchen verstecken. Ostern ist ein fröhliches Fest und die natürliche Deko auf dem Tisch aus Moos-Sets, Strohnestern und Windlichtern mit Birkenrinde macht der ganzen Familie Spaß und holt den Frühling nicht nur in den Garten, sondern auch auf den Tisch. Schön dazu sehen gehäkelte Serviettenringe in dezenten Farben aus.

Anstelle von Tischkärtchen können Sie auch einfach hartgekochte Eier beschriften. Dekorativ sehen ungefärbte Eier, mit einem kleinen Ostergruß versehen, auch in einem mit Stroh gefüllten Körbchen mit kleinen Blumen und Wachteleiern aus.

Tipp

Schmücken Sie die blühenden Obstbäume mit ausgeblasenen Eiern, die an Satinbändern hängen. Statt mit einfachen Knoten können Sie auch mit farblich passenden Perlen die Enden der Bänder schmücken.

Den Garten verschönern mit österlicher Gartendekoration

Ostern, das Fest des Frühlings. Es wird wieder wärmer, die Sonne scheint, und der Garten lockt mit den ersten grünen Zweigen und bunten Blumen. Diese schöne Zeit des Jahres sollte man genießen, denn sie bringt uns in Schwung und gibt uns neue Energie.

Eine schöne Tradition zu Ostern sind blühenden Zweige, wie die rosafarbene Zierkirsche, die gelbe, fröhliche Forsythie oder die Äste des weißen Spierstrauches, mit denen man den Frühling auch vom Garten in die Wohnung holen kann.
Besonders schmuck sehen die blühenden Äste aus, wenn sie wie hier mit Herzchen aus Spitze verziert werden, aber auch Federn, ausgeblasene Eier oder Häschen, eben alles, was das Osterherz so begehrt, macht sich gut als Dekoration.

Meine bevorzugten Dekorationsideen sind die Naturkränze aus Weinreben oder den langen Ranken des Blauregens, die beim Herbstschnitt anfallen.
Auch die Rinden verarbeite ich gerne, wie auf der folgenden Seite zu sehen ist. Die Häschen werden vorgezeichnet und mit einem Schneidemesser aus der Rinde geschnitten. Die Rundung für das Windlicht hat die Rinde von Natur aus und mit einer Kerze bestückt wird daraus ein österliches Windlicht.

Frohe Ostern!

Alles neu macht der Mai!

Im Mai erfreut uns dann die Pfingstrose mit ihrem romantischen Charme, wenn sie mit riesigen rosafarbenen Blütenköpfen auftrumpft. Auch die Lupinen, die im zeitigen Frühjahr ausgesät wurden, bilden zur gleichen Zeit kräftige Blütenkerzen aus.

Im Mai wird das Auge verwöhnt, denn der Garten zeigt sich von seiner schönsten Seite. Pfingstrosen, Maiglöckchen, und Bartnelken liefern sich einen Schönheitswettbewerb mit dem Frauenmantel und den Vergissmeinnicht.

Sie durchziehen den ganzen Garten mit ihrem aufregenden Duft, die niedlichen, weißen Maiglöckchen. Jedes Jahr freue ich mich über meine Maiglöckchenecke und platziere meine Gartenbank so, dass ich ihren Duft ungehindert wahrnehmen kann. Durch unterirdische Rhizome bilden sich ansehnliche Bestände heraus, wenn der Standort dem Maiglöckchen zusagt.

Romantik pur vermittelt die Pfingstrose, meist in zartem Rosa oder ganz klassisch in sanftem Weinrot. Mit ihren großen Blütenköpfen ist sie ein Muss in den Bauerngärten, aber auch als Topfpflanze macht sie auf dem Balkon eine gute Figur.

Die hübsche, verspielte Akelei mit ihren wippenden, blauen oder auch weißen und rosafarbenen Blüten hat im Volksmund viele Namen, die auf ihre Form hinweisen. So heißt sie noch Narrenkappe, Elfenschuh oder Tintenglocke. Sie wächst gerne in naturnahen Gärten, in wilder Form aber auch an Waldrändern.

Eine klassische Bauerngartenpflanze ist die Bartnelke, die in vielen verschiedenen Farben blüht. Man findet sie von Reinweiß

über Rosa bis Weinrot, von einfarbig bis gefleckt oder auch gestreift, mit gefüllten und ungefüllten Blüten.

Der Frauenmantel ist eine zarte Pflanze mit kelchartigen Blättern, in denen sich morgens der Tau sammelt. Die Pflanze ist von hohem Zierwert mit den hübschen, hellgrünen Blättern und den zartgelben, schleierartigen Blütenständen.

Was wäre ein Bauerngarten ohne das zarte, hellblau blühende Vergissmeinnicht, dass in größeren Gruppen wirkt, als wäre es eine freundliche, helle Wolke in zartem Blau.

Wer im Frühjahr Lust auf eine Maibowle mit Waldmeister hat, der sollte die kleine Ausläufer bildende Pflanze unter Laubgehölze setzen. Die Blättchen eignen sich auch hervorragend zum Aromatisieren von Desserts.

Maiernte aus dem Gartenbeet

Waldmeister im Mai, das erinnert uns an unbeschwerte Kindertage. Wir lieben Waldmeister vor allem in der Maibowle, trägt er doch mit seinem beschwingenden Inhaltsstoff Cumarin zu ausgelassenen Mainächten bei. Leider aber auch zu erheblichen Kopfschmerzen, wenn man zuviel davon erwischt. Waldmeister sollte man vor der Blüte ernten, denn sonst ist der Cumarin-Gehalt zu hoch und verursacht Kopfdruck und Schwindel. Die Blätter sollten leicht angewelkt sein, dass erhöht den Geschmack.

Im Hochbeet drängeln sich die Salatköpfe, und es wird Zeit, sie zu einem wunderbaren, frischen Salat zu verarbeiten.

Köstliche Maibowle

Die Maibowle ist das ultimative Frühlingsgetränk und eröffnet die Saison der lauen Nächte. Wer es gerne fruchtig mag, lässt ein paar Erdbeeren im Bowle-Gefäß schwimmen.

Für 15 Gläser

2 Bund Waldmeisterkraut
2 l trockener Weißwein (Riesling oder Mosel)
1 Flasche trockener Sekt

■ Das Waldmeisterkraut über Nacht anwelken lassen.

■ Den Weißwein in eine Bowlenschüssel geben und den Waldmeister zu einem Sträußchen gebündelt etwa 30 Minuten darin ziehen lassen. Die Anschnittstellen sollten nicht in der Flüssigkeit hängen, damit nicht zuviel Cumarin in die Bowle kommt.

■ Sehr interessant schmeckt auch die Variante mit Basilikumblättern und Limettenschalen.

Grüne Waldmeistertorte

Für
8 Portionen

200 g Butterkekse
120 g Butter
300 g Naturjoghurt
1 TL Vanillezucker
50 g Zucker
4 cl Waldmeistersirup
6 Blättchen Gelatine oder Agar-Agar
250 g Sahne
etwas Zitronensaft

Diese lustige, hellgrüne Torte darf auf keinem Gartenfest fehlen, denn sie ist ein Hit, wenn sie so frisch und lecker auf dem Gartentisch steht. Wie auch bei der Bowle können Erdbeeren den Kuchen gerne begleiten.

■ Die Butterkekse in einer Schüssel zerbröseln. Die Butter langsam schmelzen lassen und mit den Bröseln verkneten. Die Mischung in einer Springform dünn ausbreiten und fest andrücken.

■ Für den Belag den Joghurt mit dem Vanillezucker und dem Zucker verrühren und den Waldmeistersirup hinzufügen.

■ Die Gelatineblätter in kaltem Wasser einweichen, ausdrücken und in der Mikrowelle verflüssigen lassen. Die Waldmeistermasse unter die Gelatine heben und gut verrühren.

■ Die Sahne steif schlagen und ebenfalls unterheben. Nach Geschmack noch mit etwas Zitronensaft abschmecken.

■ Die grüne Masse nun auf dem Keksboden verteilen und mindestens 2 Stunden kalt stellen.

Maisalat

Für
4 Portionen

je 1 Handvoll Blattspinat, Pflücksalat, Sauerampfer und Brunnenkresse
8–10 Radieschen oder Eiszapfen (Minirettiche)
3 Lauchzwiebeln
4 Scheiben Parmaschinken
2 EL Zitronensaft
4 EL Naturjoghurt
2 EL Rapsöl
2 TL scharfer Senf
Salz, Pfeffer, Zucker

Im Mai ist der erste Salat bereit für die Schüssel. Meine Kinder lieben den Pflücksalat, denn er wird Blatt für Blatt gepflückt und lässt sich nicht unterkriegen, sondern wächst unverdrossen weiter.

■ Blattspinat, Pflücksalat, Sauerampfer und Brunnenkresse waschen und trocken schütteln. Die Radieschen oder Eiszapfen und die Lauchzwiebeln ebenfalls waschen und putzen.

■ Radieschen in dünne Scheiben und Zwiebelchen in feine Ringe schneiden. Die Salatblätter in mundgroße Stücke reißen und in einer großen Schüssel mit den Radieschen und den Lauchzwiebeln mischen.

■ Für das Dressing den Naturjoghurt zusammen mit dem Öl, dem Zitronensaft und dem Senf glatt rühren. Mit Salz, Pfeffer und Zucker abschmecken.

■ Das Dressing über den Salat träufeln und dann mit viel Appetit essen.

Erdbeeren, die Liebesfrucht

Endlich sind sie da, die ersten sonnengereiften Liebesfrüchte aus dem Garten. Rot und verführerisch reifen sie im Beet oder als Hänge- oder Kletter-Erdbeeren auf dem Balkon. Wenn sie nicht sofort vor Ort gegessen werden, sollte man einige dieser süßen Früchte zu den folgenden leckeren Rezepten verarbeiten. Der Genuss dieser Frucht, die zu 90 % aus Wasser besteht, kann tatsächlich noch gesteigert werden! Ernten Sie früh morgens, denn da sind die Erdbeeren noch schön fest. Erdbeerliebhaber schwören auf die alten Sorten wie Senga Sengana oder Mieze Schindler, die zwar empfindlicher sind, aber dafür wunderbar aromatisch. Machen Sie den Geschmackstest und Sie werden sofort wissen, was wir meinen …

Schnelle Yogurettetorte

Für ca. 8 Portionen

500 g Erdbeeren
200 g Sahne
400 g Schmand
50 g Zucker
1 Tafel Yogurette
1 fertiger Tortenboden

■ Die Erdbeeren waschen, abtropfen lassen und klein schneiden. Die Sahne mit dem Schmand und dem Zucker verrühren. Die Schokoriegel zerkleinern und unter die Sahne-Schmand-Mischung rühren.

■ Alles auf dem Tortenboden verteilen. Ein Tortenring kann hier gute Dienste leisten. Nach Belieben kann die Torte noch mit einigen Erdbeeren oder Yoguretteriegeln verziert werden. Mindestens 2 Stunden kalt stellen, dann mit Genuss verspeisen.

Erdbeeren auf Wolken

Für
4 Portionen

Für den Teig
150 g weißes Mehl
185 g brauner Zucker
155 g Walnüsse
230 g Butter
1 Prise Salz

Für den Belag
300 g Erdbeeren
etwas Zitronensaft
2 Eiweiß
250 g Sahne
2 EL brauner Zucker
6 EL weißer Zucker

Kann man den Genuss von Erdbeeren noch steigern? Oh ja, man kann, indem man sie in Wolken aus süßer Sahne und Eischnee hüllt. Ein Dessert, von dem man nicht genug bekommt.

■ Die Zutaten für den Teig locker vermengen, nicht verkneten, in eine feuerfeste Form geben und 15 Minuten bei 200 °C backen. Dabei öfter umrühren, bis sich Klümpchen bilden und die Masse Farbe annimmt. Dann abkühlen lassen.

■ Die Erdbeeren waschen, abtropfen lassen, würfeln und mit etwas Zitronensaft beträufeln. Das Eiweiß und die Sahne getrennt steif schlagen und anschließend vermengen. Erst den Zucker zugeben und dann die Erdbeeren unterheben.

■ Zuerst die abgekühlten Krümel in ein Glas schichten, dann die Erdbeermasse als kleine Wolken aufsetzen und das Ganze in das Eisfach stellen, bis die Sahnemasse angefroren ist.

Berechnen Sie die Portionen ruhig großzügig, denn davon kann man nicht genug bekommen!

Die ersten frischen Kräuter

Platz ist in der kleinsten Ecke, um ein paar Kräuter auf dem Balkon oder im Garten zu pflanzen. Ich habe meine Kräuterecke in meinem Schrebergarten, aber für den alltäglichen Gebrauch wachsen auch einige Kräuterlein auf meinem Balkon zwischen den Blumen. So habe ich immer frisches Grün zur Hand.

Egal, ob die Kräuter auf dem Balkon oder im Garten wachsen, sie brauchen ein bisschen Pflege und im März sollten die ausdauernden, mehrjährigen Kräuter vorsichtig zurückgeschnitten werden. So bringen Sie die Pflanzen wieder in Form und erhalten einen kompakten Wuchs.

Der **Thymian** ist ein beliebtes Gewürzkraut, besonders in der mediterranen Küche, hat aber eine starke Neigung zum Verkahlen. Er muss behutsam zurückgeschnitten werden, denn völlig verholzte Zweige treiben nur spärlich oder gar nicht mehr aus.

Der **Salbei** und der **Rosmarin** werden nur eingekürzt, wenn die Sträucher zu viel Platz beanspruchen. Ein Rückschnitt ist noch vor Ende März sinnvoll, bevor die Pflanze neu austreibt. Die duftenden Nadeln des Rosmarins passen gut zu Lamm oder Wild, der Salbei ist in der italienischen Küche zu Hause.

Ich liebe besonders die dekorativen Kräuter, die nicht nur durch Geschmack, sondern auch durch ihre Blütenpracht bestechen und somit auch die Bienen anlocken. Der **Borretsch** gehört dazu. Seine blauen, sternförmigen Blüten sind auch essbar und machen jeden Salat zu etwas Besonderem.

Die **Kapuzinerkresse** macht sich gerne breit und sieht mit ihren leuchtend roten, gelben und orangenen Blüten sehr fröhlich aus. Die Blüten schmecken leicht nach Radieschen und sind als Dekoration auf frischen Salaten sehr attraktiv.

Tipp

Nach dem Schnitt tun Sie Ihren Kräuterpflanzen etwas Gutes, wenn Sie sie mit Kompost, vermischt mit Hornspänen, düngen.

Salat aus dem Minigewächshaus

Für 4–6 Portionen

Kopfsalat
Blattspinat
Kresse
300 g Kirschtomaten
2 reife Avocados
300 g Champignons
6 EL Limettensaft
9 EL Orangensaft
5 EL Öl
1 Msp. Meerrettich
Salz und Pfeffer

So ein kleines Gewächshaus schafft immer einen Kulturvorsprung, und wenn der Boden draußen noch hart und gefroren ist, schiebt sich im Gewächshaus schon das erste Grün durch die dunkle Erde.

■ Die Salate putzen, waschen und zerpflücken, die Champignons reinigen und in feine Scheiben schneiden. Anschließend in der Pfanne mit etwas Öl anbraten.

■ Die Avocados entsteinen, schälen und in dünne Scheiben schneiden und mit etwas Limettensaft beträufeln.

■ Das restliche Öl zusammen mit dem Saft und den Gewürzen zu einer Salatsauce verrühren, die Salate anrichten, Champignons, Kirschtomaten und Avocadoscheiben verteilen und mit der Marinade beträufeln. Zum Schluss die Kresse darüber streuen.

So geht's

So kann einiges aus der Gartenernte vereint auf den Teller gebracht und zu einem fröhlich bunten Gericht zubereitet werden.

Blattsalate aus eigenem Garten

Für 4–6 Portionen

Bataviasalat
Romanasalat
Ruccolasalat
Borretschblüten
Kerbel
3 Frühlingszwiebeln
grüner Spargel
2 EL Balsamicoessig
2 EL Rotweinessig
8 EL Olivenöl
Salz, Pfeffer, Zucker

Die ersten Salate sind die besten, das stellen wir immer wieder fest. Darum mische ich gerne alles, was ich an Blattsalaten im Garten habe, gerne auch mit frischem jungen Spinat oder Feldsalat. Die Borretschblüten sehen nicht nur hübsch aus, sie sind auch ausgesprochen lecker, das wissen auch die Bienen.

■ Die Salate putzen, waschen und in mundgerechte Stücke zerpflücken, die Frühlingszwiebeln in feine Ringe schneiden.

■ Den Spargel von den festen Enden befreien und in Stücke schneiden. Auf ein Backbleck legen, mit Öl bestreichen und 4 bis 5 Minuten backen.

■ Aus dem Essig und dem Öl zusammen mit den Gewürzen eine Vinaigrette rühren und über die mit dem Spargel angerichteten Blattsalate träufeln.

Vitaminreicher Petersiliensalat

FÜR
4 PORTIONEN

2 Bund glatte Petersilie
1 Bund krause Petersilie
1 große Zwiebel
Saft von 1 Zitrone oder Orange
Olivenöl
Salz, Pfeffer
100 g Pinienkerne oder Walnüsse

Die Petersilie würzte schon die Speisen der Römer, denn sie stammt ursprünglich aus dem Gebiet rund um das Mittelmeer.

■ Die Petersilie waschen, tocken schütteln und fein hacken. Die Zwiebel schälen und in kleine Würfel schneiden.

■ Den Zitronen- oder Orangensaft mit dem Öl und den Gewürzen verrühren. Nach Belieben die Pinienkerne in der trockenen Pfanne leicht anrösten bzw. die Walnüsse hacken.

■ Das Dressing über die Petersilie geben und mit den Nüssen garnieren. Schmeckt hervorragend zum Grillen oder einfach zu kurz gebratenem Fisch oder Fleisch.

TIPP

Die Freunde der asiatischen Küche können den Petersiliensalat auch mit Koriander verfeinern und klein geschnittene, getrocknete Aprikosen unterheben.

Grüner Basilikumpudding

FÜR
4 PORTIONEN

1 Bund Basilikum
1 EL Olivenöl
200 g Sahne
1 Blatt weiße Gelatine
1 Prise Zucker
Salz, Pfeffer

Tomaten mit Mozzarella kennt jeder, aber wenn das Basilikum nicht als Blättchen, sondern als kleiner Pudding auf den Tomaten trohnt, dann ist das schon sehr apart.

■ Die Blättchen von den Stängeln zupfen und zusammen mit dem Öl pürieren.

■ Die Sahne im Topf erhitzen und die Gelatine in kaltem Wasser einweichen. Eine Prise Zucker in die Sahne geben, das Basilikumpüree hinzugeben und mit Salz und Pfeffer abschmecken.

■ Die Gelatine ausdrücken und hinzufügen. Die Masse in kleine Förmchen (z.B. Eierbecher) füllen und kalt stellen.

■ Mit Tomaten und Mozzarella angerichtet ist der Basilikumpudding ein echter Hingucker. Einige Blättchen Basilikum zur Dekoration runden das Bild noch ab.

Wassergärten im Sinne der Natur

Ein kleines Wasserparadies nicht nur für den Menschen, auch der Grasfrosch oder der Molch fühlen sich hier wohl. Das hohe Schilf bildet den Hintergrund für die niedrigere Bepflanzung, die einen Blick auf den Teich erlaubt.

Der Traum eines jeden Gartenbesitzers ist sicherlich ein naturnah gestalteter Teich, der nicht nur das Auge erfreut, sondern auch Lebensraum für allerlei Getier ist. Er bietet zudem Vögeln eine Bade- und Trinkmöglichkeit und verbessert das Mikroklima.

Wen einmal die Faszination eines Wassergartens gepackt hat, der träumt natürlich auch von einem üppigen Fischbesatz. Es sollen Goldfische, Goldorfen und Kois darin schwimmen und das Schmuckstück bevölkern. Dabei sollte man aber im Auge behalten, dass sich die etwa 5 cm großen Fischlein, die man in der Zoohandlung kaufen kann, sehr schnell zu ausgewachsenen Tieren entwickeln, die bald eine Länge von 30 cm und mehr erreichen. So ein ausgewachsener Karpfen, und dazu gehören auch die Goldfische, muss pro Zentimeter Körperlänge im ausgewachsenen Zustand etwa 30 l Teichwasser zur Verfügung haben. So ist man schnell bei einem Fassungsvermögen von 3 m^3 für den Teich bei einem Besatz von 4 oder 5 Goldfischen oder Goldorfen. Das ist kein kleiner Teich mehr und man sollte bedenken, dass die Tiere sich auch vermehren. Hier gilt zum Wohle der Fische lieber weniger als mehr, denn nur in einem optimalen Lebensraum fühlen sich die Fische wohl und machen ihrem Besitzer Freude.

Bei einem großen Teich mit Fischbesatz darf auch die Technik mit einem leistungsstarken Pumpen-Filter-System nicht vergessen werden, das für klares Wasser und ausreichend Sauerstoff sorgt.

Für einen Gärtner mit Ambitionen darf natürlich die Bepflanzung nicht fehlen. Der in kräftigen Horsten wachsende Froschlöffel begrünt gerne die Flachwasserzone und teilt sich das Gebiet mit dem Tannenwedel und der Sumpfwolfsmilchpflanze. Die gelbe Sumpfschwertlilie und die gelbe Scheinkalla sorgen für Farbe, zusammen mit dem violetten Hechtkraut und dem weißblühenden veränderlichen Pfeilkraut. Die Binsen und die Rohrkolben bilden einen schönen Rahmen. Ein Teich ohne Seerosen ist nicht komplett, und der Klassiker unter den Teichpflanzen macht sich in den schönsten Farben breit. Etwas zierlicher zeigt sich da der Froschbiss, der rein weiß blüht und durch dünne Ausläufer miteinander verbunden ist. Zu den beliebtesten Wasserpflanzen gehören das Hornkraut und die Kanadische Wasserpest, die mit ihrer Wuchsfreude ihrem Namen alle Ehre macht. Sie sorgen nicht nur als Versteckmöglichkeit für das Wohlbefinden der im Teich lebenden Tiere, sondern sind auch für die Sauerstoffproduktion sehr wichtig.

Können Sie sich aus Platzgründen Ihren Traum vom fischbesetzten Wassergarten nicht erfüllen, dann weichen Sie auf einen kleinen Wasserbottich mit Seerosen, Schachtelhalm, Kalla, Froschlöffel und Rohrkolben aus.

Wenn der Miniteich nur für eine Saison den Balkon erfreuen soll, können Sie auch auf tropische Pflanzen, wie die hübsche Wasserhyazinthe, den wurzellosen Schwimmfarn oder den muschelförmigen Wassersalat, ausweichen.

Sommer – kleine Fläche, großes Glück

Was ist zu tun im Juni, Juli und August?

Für uns Gärtner ist der Sommer eine wunderbare Jahreszeit, denn wir können aus dem Vollen schöpfen. Salate, Mangold, Tomaten oder Zucchini, alles ist erntereif, und der Garten platzt aus allen Nähten. Die Beete, die wir schon abgeerntet haben, werden gleich nochmal bestellt. Kopfsalat, Eisbergsalat, Radieschen und Rettich können problemlos noch für den Spätsommer ausgesät werden, ja, sogar der schwarze Winterrettich und Brokkoli werden noch reif. Die letzten Buschbohnen sollten aber bis zum 20. Juni in der Erde sein.

Endiviensalat, bereits als Gemüse bei den Ägyptern bekannt, ist ein typischer Herbstsalat, ebenso wie Friséesalat oder Radicchio. Die Salate sollten wie die Buschbohnen auch noch bis zum 20. Juli ausgesät werden, denn sie benötigen etwa 10 Wochen, bis sie geerntet werden können.
Der Radicchio ist eigentlich ein Italiener, findet aber auch hier immer mehr Anhänger. Seine schöne Färbung bekommt er erst bei tieferen Temperaturen im Oktober.
Der leicht bittere Zuckerhut ist ein Newcomer, man kann ihn roh als Salat oder gedünstet und überbacken essen. Geerntet kann dann bis in den Dezember werden.

In den Wintermonaten wurden die Obstbäume beschnitten, im Sommer erscheinen nun viele Wasser- oder Angsttriebe, die gerade in den Himmel ragen, denn der Baum versucht möglichst schnell wieder seine Krone zu vervollständigen. Diese Triebe müssen in den Sommermonaten Juni und Juli ausgerissen werden. Die Schere kommt hier nicht zum Einsatz, denn es ist viel schwieriger auf Astring zu schneiden, als die Triebe einfach auszureißen.

Haben Sie es versäumt, Ihre Obstbäume im Winter zu schneiden, so ist im August auch noch Zeit dafür. Fördert der Schnitt im Winter das Holzwachstum, so unterstützt der Sommerschnitt die Blütenbildung. Süß- und Sauerkirschen sollten jedoch nur im Sommer geschnitten werden.

Auch Beerengehölze müssen nun gekürzt werden und zwar mindestens um die Hälfte. Die schwarze Johannisbeere fruchtet vor allem am einjährigen Holz, also ist hier immer auf regelmäßige Neutriebbildung zu achten. Die wild wachsende Brombeere entwickelt ihre Frucht an den zweijährigen Trieben, also sind die Jungtriebe die Basis für die Ernte im übernächsten Jahr.

Vergessen Sie nicht, ihre Erdbeeren zu pflanzen, denn gerade Juli und August sind die beste Zeit dafür. Der Abend oder ein trüber Tag sind die idealen Pflanzzeiten, aber auch dann ist eine gute Bewässerung dringend nötig.

Zu den Pflegearbeiten im Sommer gehört auch der Rückschnitt der schon verblühten Stauden. Rittersporn, Trollblume, Große Kornblume, Bunte Margerite, Lupine und Sommersalbei werden bis 10 cm über dem Boden zurückgeschnitten. Trauen Sie sich ruhig, im nächsten Jahr werden die Stauden umso schöner, und vor allem vom Mehltaupilz befallene Pflanzen erstrahlen wieder in neuem Glanz.

Ansonsten entfernen Sie, um die Blühfreudigkeit der Pflanzen zu erhöhen, die vertrockneten Blüten und knipsen beim Phlox und bei der Sonnenbraut die Mitteltriebe heraus. Viele Seitentriebe tragen dann umso mehr Blüten.

Vom Glück auf vier Pfoten im Garten

Gartenbesitzer wollen ihr Gartenglück auch mit ihrem vierbeinigen Gefährten teilen, egal ob es sich dabei um einen Hund, ein Kaninchen, Meerschweinchen oder eine Schildkröte handelt, denn die Freude, die wir unseren kleinen Freunden mit einem Ausflug in den Garten machen, ist riesig. Leider birgt so ein Garten aber auch Gefahren, die es zu vermeiden gilt. Viele beliebte Büsche und Blumen sind für unsere Haustiere giftig. So kann etwa der Verzehr von Efeu, Rhododendron, Krokussen, Narzissen oder Maiglöckchen zum Tode führen, ebenso wie manche Düngemittel. Unser Hund buddelt gerne Blumenzwiebeln aus und würde auch darauf herumkauen, wenn wir ihn nicht daran hindern würden.

Damit der Ausflug ins Grüne für Mensch und Tier ein ungetrübtes Vergnügen wird, ist vor allem bei der Unterbringung von Meerschweinchen und Kaninchen darauf zu achten, dass das Außengehege nicht in der prallen Sonne steht und nicht untergraben werden kann. In einem unbeobachteten Moment hat das kleine, flinke Kaninchen einen Tunnel gegraben und ward nicht mehr gesehen. Soll der Stall auch nachts als Aufenthaltsort dienen, so ist unbedingt dafür zu sorgen, dass er mardersicher ist. Unterschätzen Sie diese cleveren Tiere nicht! Ich würde es keinem Kleintierhalter empfehlen sein Tier des Nachts diesen Gefahren auszusetzen! Selbstverständlich muss ein Wassernapf und Futter vorhanden sein. Nicht zu vergessen ist ein Sichtschutz von oben, denn alles was von dort kommt und sei es auch nur ein kleiner Spatz, ist erst einmal ein Fressfeind. Die kleinen Nager müssen sich aber sicher fühlen und da tut eine Korkrinde gute Dienste oder der berühmte Kriechtunnel, der ursprünglich für Kinder gedacht war. So verhindern Sie Stress und das Tier fühlt sich wohl.

Besonders Hase und Meerschweinchen freuen sich, wenn sie Gras unter ihren Pfoten spüren und der Garten zu einem Freizeitpark wird, aber auch die Hunde genießen den Ausflug ins grüne Paradies.

Für unsere Tiere ist es jedes Mal ein Fest, wenn sie mit in den Schrebergarten dürfen. Unser Hund bewacht seinen Garten und er kennt jeden Nachbarn ganz genau, und unsere Schildkröte hat ihren Spaß im Frühbeet, das wir immer nach ihren Bedürfnissen bepflanzen.

Heimliche Untermieter im Garten

Auch im Winter schaut die Amsel gerne im Futterhaus vorbei und freut sich über Weichfutter und Rosinen. Lassen Sie ruhig im Winter einige Äpfel an den Bäumen hängen, denn die Vögel und auch Igel freuen sich über diese Spende.

Wir gewähren ihnen gerne Unterschlupf in unseren Gärten, den singenden, fliegenden und kriechenden Untermietern, die sich ohne Scheu bei uns niederlassen. Gerade in naturnahen Gärten mit heimischen Gehölzen, die viele Beeren tragen, fühlen sich die Piepmätze am wohlsten. Auch der Igel, ein gerne gesehener Gast, der sich als Gegenleistung für ein bisschen Unterholz gerne um die kleinen Schnecken kümmert, mag den Garten nicht so aufgeräumt. Also wenn Sie gerne Grünfinken, Stare, Meisen oder gar den Buntspecht beobachten wollen, vergessen Sie jede Akribie. Lassen Sie Hecken wachsen, bis die Brutzeit der Vögel vorbei ist, entfernen Sie Totholz und Reisighaufen nicht und sorgen Sie für eine Wasserstelle. Ich freue mich immer wieder über die kleinen Gäste, die meinen Garten bewohnen und mich täglich besuchen.

Der akrobatische Kleiber läuft als einziger Vogel den Baum kopfüber hinunter und ist somit leicht zu erkennen. Er frisst hauptsächlich Insekten, was ihn in Gärten sehr beliebt macht, hilft er doch, uns von den lästigen Mücken zu bewahren. Im Herbst bekommen die Kleiber bei uns Nüsse und Eicheln, die sie als Wintervorrat verstecken.

Der freche Spatz ist ein dankbarer Dauergast in unserem Garten. Ein Pärchen hat seinen Nistplatz im Dachfirst unseres Gartenhauses und brütet dort erfolgreich seit Jahren. Der anpassungsfähige Vogel scheut die Nähe zum Menschen nicht. Wir hinterlassen ihm bei jedem Besuch im Garten Kuchen- und Brotkrümel, die er sich flink schnappt.

Das hübsche Rotkehlchen bedankt sich für eine flache Wasserstelle mit seinem Gesang. Es ist eine richtige Badenixe und liebt geschützte Nistplätze. In der Christuslegende spielt es eine große Rolle, konnte es doch die Leiden von Jesus nicht ertragen, löste eine Dorne aus seiner Krone, verletzte sich damit und hat seither den roten Blutfleck auf der Brust.

Der Star mit seinem schimmernden Gefieder ist der Stimmakrobat unter den Vögeln. Er beeindruckt die Weibchen mit seinem abwechslungsreichen Gesang und verknüpft den Nestbau mit der Gesundheitsvorsorge für seinen Nachwuchs, indem er unsere Beete plündert. Er polstert sein Nest gerne mit Thymian und anderen Kräutern.

Der Buntspecht ist der Trommler unter den Vögeln und erfreut uns immer wieder mit seinem schönen Gefieder. Wenn Sie den hübschen Vogel dauerhaft in Ihrem Garten halten wollen, decken Sie ihm den Tisch, indem Sie Totholz nicht sofort entfernen. Höhlen baut er nur in sehr hohen, großen Bäumen oder aber als Vogel von Welt auch gerne in mit Styropor verkleideten Häuserwänden.

Die Amsel, einst Waldbewohnerin, ist schon seit geraumer Zeit zur Städterin geworden und bleibt standhaft in unseren heimischen Gärten. Dort verwöhnen wir sie mit Regenwürmern, wenn wir eifrig in der Erde wühlen. Unsere Gartenamsel pickt mir die Regenwürmer von der Hacke und schon wenn sie sieht, dass ich das Gerät in die Hand nehme, ist sie startklar.

Die Kohlmeise ist im Garten gerne gesehen, denn sie zieht zwei mal im Jahr ihre Jungen groß und füttert sie eifrig mit Blattläusen, Raupen und Spinnen. Im Winter bedanken wir uns bei ihr, indem wir einige Meisenringe in die Bäume hängen und ihr damit die strenge Jahreszeit versüßen.

Aber nicht nur die gefiederten Gäste sind im Garten gerne gesehen, auch der kleine Igel, der sich in unserem Garten breit macht, ist ein willkommener Untermieter. Den Reisig und das Laub entferne ich nie ganz, sondern lasse es an der Zaunseite unter den Sträuchern liegen, ich häufe es sogar extra an. Der Dank ist ein kleiner Gast, der sich eingenistet hat und uns bei der Bekämpfung der kleinen Schnecken gute Dienste leistet. Am Abend, wenn es dämmert, hören wir ihn schon lange, bevor wir ihn sehen. Schmatzend und knirschen kommt er daher und bringt uns zum Lachen.

Bei der Schnecken-bekämpfung ist der Mörder immer der Gärtner

Er tötet in Notwehr, denn wer schon mal einen von Schnecken kahl gefressenen Gemüsegarten gesehen hat, versteht die Mordlust. Die Übeltäter greifen im Schutz der Dunkelheit an, nur die Schleimspuren verraten sie.

Die spanische Wegschnecke wird verdächtigt, denn sie ist keineswegs lahm wie eine Schnecke, sondern höchst mobil. Ihre Zähigkeit und der bittere Geschmack machen sie für potenzielle Fressfeinde gänzlich unattraktiv.
Die kleine Gartenwegschnecke hält sich da eher an die Wurzeln, auch an das ausgesäte Wurzelgemüse!
Die Ackerschnecke ist die dritte im Bunde. Eher gelblichbraun macht sie sich auch über die oberirdischen Pflanzenteile her, während ihre Jungen sich im Schutze der Dunkelheit an das Wurzelwerk wagen.

Laut schmatzend macht sich der kleine Igel über die Schnecken her, doch leider steht die Rote Nacktschnecke, der Feind aller Gärtner, auch nicht auf seinem Speiseplan.

Die hübsche Weinbergschnecke ist im Gartenbau aber eher nützlich und hilfreich, denn sie vertilgt die Gelege der Nacktschnecken.

Die wirkungsvollste Methode, aber leider eine sehr arbeitsintensive und eher brutale Methode, ist eine nächtliche Razzia. Bewaffnet mit Eimer, Taschenlampe und Gartenschere werden die inflagranti erwischten Schnecken kurzerhand zerteilt. Aber bitte nichts liegen lassen, denn Schnecken sind Kannibalen und die Überreste könnten weitere anlocken.

Den gleichen Lockeffekt auf Schnecken haben auch Bierfallen. Sie können aber nur sicher gehen, dass Ihre Schnecken abwandern, wenn Sie sie heimlich im Nachbargarten aufstellen. Ganz abgesehen davon können ihr leider auch Nützlinge zum Opfer fallen.

Eine Streusperre aus Sägemehl oder feinen Holzspänen verhindert den nächtlichen Überfall aufs Gemüsebeet, aber leider nur bis zum nächsten Regen.
Am besten haben sich Schneckenzäune bewährt, allerdings müssen die winklig geformten Bleche lückenlos verlegt werden, um wirklich sinnvoll zu sein.

Viele Gärtner greifen in ihrem Zorn dann doch eher zum Schneckenkorn, wobei an der Wirksamkeit nichts auszusetzten ist, die Auswirkungen auf die Umwelt allerdings sind meist beklagenswert.

Da schaut man doch lieber nach den natürlichen Feinden der Plagegeister. Die Ackerschnecken und die Gartenwegschnecken werden gerne von Igeln und Spitzmäusen gefressen. Auch der bei Gärtnern ungeliebte Maulwurf langt gerne zu, ebenso treue Weggefährten aus der Luft wie Amsel, Drossel und Star.

Lediglich die schleimige Spanierin hat kaum Feinde, es sei denn, Sie holen sich Verstärkung aus dem asiatischen Raum. Die indische Laufente kann gar nicht genug von ihr bekommen, leider nimmt sie sich dann aber auch ab und an eine kleine Salatbeilage, was den Gärtner weniger freut. Zudem nimmt sie ihr Mal sehr geräuschvoll ein und benötigt für den Winter einen Stall. Das Futterangebot ist in der kalten Jahreszeit dann auch nicht mehr so üppig, also bleibt dem naturnahen Gärtner nichts weiter übrig, als doch selbst Hand anzulegen und seine Schnecken Stück für Stück abzusammeln oder auszusperren.

Was wächst wo und wann?

Der Sommer schöpft aus dem Vollen und der Garten steht in seiner ganzen Pracht da. Der Gärtner hat seine Freude an den üppigen Beeten und den Früchten, die in den Sträuchern hängen, denn ist die Ernte reichlich, hat er alles richtig gemacht.

Die ganze Gemüsevielfalt aus dem Garten oder vom Balkon bestimmt zur Sommerzeit den Speisezettel, denn es muss regelmäßig geerntet werden, damit die Kohlrabi nicht holzig werden und die Erbsen noch zart und süß sind.

Die Köstliche

Wenn die erste Erntezeit der Erdbeeren vorüber ist, sollte man sich um die Ausläufer kümmern. Die werden von den Pflanzen selbstständig gebildet, und mit ihrer Hilfe kann man entweder die Anbaufläche vergrößern oder die überalterten Erdbeerpflanzen ersetzen.

Der Winterharte

Wenn im Juni die ersten Lücken im Beet entstehen, füllen Sie diese mit den vorgezogenen oder gekauften Grünkohlpflänzchen. Beachten Sie aber auch hier das Einhalten der Fruchtfolge, denn auf den Beeten sollte die letzten 3 bis 4 Jahre kein Kreuzblütler kultiviert worden sein.

Die wild Rankende

Die Stangenbohne und auch ihre zahmere Schwester, die Buschbohne, hängen sicher voll mit reifen Schoten. Die Stangenbohne wächst gerne in die Höhe und Stangen bis zu 3 m Höhe werden

von ihr schnell umrankt. Hat man Kinder im Garten, kann man die Wuchsfreude nutzen und einen Unterschlupf beranken lassen, der wie ein Indianerzelt geformt ist.

Die zarte Runde

Früher eine lagerfähige Eiweißquelle, heute ein heiß geliebtes Gemüse mit Kullerspaß, ist die Erbse aus unserer Küche nicht mehr wegzudenken. Wurde sie bereits im März ausgesät, macht sie uns bei guter Wasserversorgung schnell Freude. Für ein Rankgerüst ist sie dankbar, und uns erleichtert es die Ernte. Besonders schmackhaft ist die Zuckererbse, die mitsamt der Hülle gegessen wird. An Düngung muss man bei Erbsen nicht denken, denn sie sind Stickstoffsammler.

Der dicke Runde

Er ist ein Kohl, und wir essen weder Wurzel noch Frucht, sondern die Verdickung des Stängels, also die Sprossenknolle, wenn wir Kohlrabi essen. Am besten schmeckt er frisch vom Beet, geschält und aus der Hand, aber auch als Rohkostsalat und gekochtes Gemüse ist er ein ganz Feiner. Eine ausreichende Wasserversorgung sorgt für zartes Fruchtfleisch. Soll er schön rund werden, sollte man ihn nicht zu tief in die Erde setzten.

Tipp

In meinem Garten haben die Kräuter einen festen Platz zum Trocknen gefunden, nämlich vor Wasser und Sonne geschützt unter dem Dachvorsprung meines Gartenhauses.

Die Würzigen

Die Kräuter pflückt man am besten in den frühen Morgenstunden, an einem trockenen Sommertag. Will man sie trocknen, so bindet man sie zu kleinen Sträußen zusammen und hängt sie an einen luftigen, trockenen Ort.

Sommerzeit, Erntezeit

In der Sommerzeit werden Garten und Balkon zum Naschgarten, denn die frischen Beeren lassen niemanden kalt, schon gar nicht die Kinder, deren rot verschmierte Münder verraten, dass sie soeben die Himbeeren geplündert haben.

Der Garten quillt über, denn alles wird gleichzeitig reif, die Erbsen haben sich rasend schnell von hübschen Blüten in leckere Schoten verwandelt, die Kohlrabi haben sich zu prächtigen, runden Knollen entwickelt und die Bohnen wachsen förmlich in den Himmel. Einige Beete sind schon abgeerntet und können nochmal bestellt werden, denn im Herbst möchten wir natürlich auch noch frisches Gemüse auf dem Tisch haben.

Es wimmelt

Die roten Johannisbeeren machen ihrem rheinischen Namen Wimmelkes alle Ehre, denn tatsächlich wimmelt es an den Sträuchern nur so von kleinen roten Beeren, die in langen Rispen herabhängen. Der geschickte Gärtner hat mehrere Sträucher gepflanzt, die unterschiedlich reif werden, denn nur so kann er die Fülle problemlos bewältigen.

Es wimmelt schwarz

Die schwarze Johannisbeere steht ihrer roten Verwandtschaft in nichts nach, auch wenn die dunklen Beeren sich nicht so auffallend inszenieren. Die Schwarze ist nicht jedermanns Sache, und es gibt die absoluten Liebhaber und die Hasser, wobei die Liebhaber, sollten sie die Beere gerne roh essen, gleich ein ganzes Arsenal an Vitaminen und Mineralstoffen zu sich nehmen.

Sie piksen

Die Himbeere ist wohl eine der köstlichsten Beeren oder richtiger Sammelsteinfrüchte, da sind sich fast alle einig, auch die Vögel, die sich gerne daran gütlich tun. Ich gebe zu, der Strauch ist nicht gerade attraktiv und zudem vermehrt sich die Pflanze auch ganz gerne ungewollt, aber für den Geschmack der Beeren nehme ich das gerne in Kauf.

Sie stacheln

Die Stachelbeeren wollen ihre Früchte nicht gerne hergeben und haben sich darum mit Stacheln bewaffnet. So wehrhaft sie auch sein mögen, ich liebe ihre Früchte viel zu sehr, als dass ich darauf verzichten wollte.

Sie locken

Die Süßkirsche lockt nicht nur den Gärtner mit ihren Früchten, auch die Vögel und Eichhörnchen. Bei den Sauerkirschen möchte auch gerne, man glaubt es kaum, der Fuchs etwas von der Ernte. Meine Nachbarin sagt immer: „Ein Gärtner muss teilen!" Nun, bei der reichlichen Ernte, die so ein Kirschbaum hervorbringt, teile ich die Beute gerne.

Tipp

Das Leitwort in einem Gemüse- und Obstgarten heißt: Der Gärtner muss teilen! Auch mit den Vögeln, dem Igel oder den Eichhörnchen.

Zuckersüßer Pavlova mit frischen Beeren

Für 4–6 Portionen

6 Eiweiß
320 g feiner Zucker
2 EL Speisestärke
2 TL Weißweinessig
200 g Schlagsahne
250 g Mascarpone
1 EL Puderzucker
Rote Johannisbeeren, Blaubeeren, Himbeeren, Brombeeren, Erdbeeren nach Belieben
Mint-Schokoröllchen zur Dekoration

Dieses Rezept ist aus Australien zu uns hinübergeschwappt und erfreut uns, seit wir einen Teil unserer ausgewanderten Familie in Melbourne besucht haben. Je nachdem, welche Beeren gerade reif sind, schmücken sie den Pavlova, der im Übrigen zu Ehren der Tänzerin Anna Pavlova in Melbourne erfunden wurde. Beim Genuss dieses Desserts hat die große Ballerina sicher nicht an Diät gedacht.

■ Die Eiweiße in einer sauberen Schüssel aufschlagen und den Zucker langsam einrieseln lassen. Die Speisestärke im Essig glatt rühren und hinzufügen. Die Baisermasse muss steif und glänzend sein.

■ Als runde Fladen auf ein Backblech platzieren, den Rand etwas erhöht.

■ Bei 110 °C bei leicht geöffneter Ofentür (Kochlöffel einklemmen) etwa 1 1/2 Stunden backen, bis der Pavlova Farbe angenommen hat. Im Ofen auskühlen lassen.

■ Die Beeren verlesen, waschen und abtropfen lassen. Für die Creme die Sahne steif schlagen und den Mascarpone vorsichtig unterziehen. Die Creme auf das Baiser streichen und mit den gewaschenen Beeren belegen.

■ Zur Dekoration vor dem Servieren die Mint-Schokoröllchen hineinstecken.

Brombeermichel

Für 4–6 Portionen

300 g Hefezopf oder anderes Weißbrot
300 ml Milch
6 Eier
120 g Butter
110 g Zucker
Salz
60 g gemahlene, geröstete Mandeln
60 g gemahlene, geröstete Haselnüsse
Zimt
40 g Mehl
500 g Brombeeren
Puderzucker
etwas Butter und Mehl für die Form

Schwarz und glänzend sitzen sie an ihren stacheligen Ästen, die Brombeeren. Fallen sie einem beim Pflücken in die Hand, sind sie reif und schmecken köstlich. Am besten natürlich direkt vom Strauch, aber wenn gerade sehr viele Früchte reif sind, ist so ein Brombeermichel ein leckeres Rezept für einen Nachtisch.

■ Eine Backform (Ø 26 cm) ausfetten und leicht mehlen. Den Backofen auf 200 °C vorheizen. Den Hefezopf klein schneiden und in der Milch einweichen. Die Eier trennen. Die Brombeeren waschen und abtropfen lassen.

■ Die Butter zusammen mit 60 g Zucker und 1 Prise Salz schaumig rühren und nach und nach die Eigelbe unterziehen. Anschließend die Mandeln und Haselnüsse unterrühren, etwas Zimt hinzufügen und alles zu der eingeweichten Hefezopfmasse geben.

■ Die Eiweiße zusammen mit dem restlichen Zucker und 1 Prise Salz zu einem cremigen Eischnee schlagen und unter die Kuchenmasse heben.

■ Ganz zum Schluss die sauberen Brombeeren unterziehen und alles in die Backform füllen. Im vorgeheizten Ofen 35–40 Minuten backen. Nach dem Abkühlen mit Puderzucker bestäuben.

Tipp

Schmeckt hervorragend mit geschlagener Sahne oder Vanillesoße.

Fruchtige Geschmacksexplosion

Für 4–6 Portionen

500 g Beeren (Himbeeren, Brombeeren, Heidelbeeren, Johannisbeeren)
2 Stangen Zitronengras
1 Vanilleschote
100 g brauner Zucker
250 g Sahne

Sie tun sich gerne zusammen, die beerigen Früchte aus dem Garten. Je nach Reifezeit kann die Zusammensetzung der Beeren verändert werden, so ergibt sich immer wieder eine neue Geschmackskombination.

■ Die Beeren verlesen und waschen. Das Zitronengras in große Stücke schneiden. Die Vanilleschote halbieren und auskratzen. Schote und Mark zusammen mit etwa 400 g Beeren und dem Zitronengras in 250 ml Wasser aufkochen.

■ Die Gewürze entfernen und die Suppe pürieren. Mit dem Zucker abschmecken und die restlichen Beeren hinzufügen. Die Sahne steif schlagen und die Suppe damit „krönen".

Tipp

Die Suppe kann lauwarm oder kalt gegessen werden.

Köstlicher Zwetschgenröster

FÜR
4–6 PORTIONEN

150 g weißer Zucker
150 g brauner Zucker
400 ml Rotwein
Saft einer Orange oder Zitrone
500 g reife Zwetschgen
2 Zimtstangen
3–4 Nelken nach Belieben

Leuchtend blau hängen sie am Baum und machen Appetit auf Zwetschgenknödel und Zwetschgenröster, oder einfach darauf, sie unkompliziert gleich vom Baum zu naschen.

■ Den Zucker im Topf karamellisieren lassen, mit dem Rotwein ablöschen und den Saft der Orange oder, für den, der es säuerlicher mag, den Saft der Zitrone hinzufügen.

■ Die Zwetschgen entkernen, würfeln und hinzufügen, mit den Gewürzen aufkochen. Wer möchte, kann die weich gekochten Zwetschgen pürieren, zuvor aber die Gewürze entfernen.

■ Noch heiß in saubere Gläser gefüllt hält sich das köstliche Dessert einige Wochen.

In Bayern bevorzugt man den Zwetschgenröster mit kleinen Stücken und isst ihn zur Grieflammeri oder zu Zwetschgenknödel.

Zwetschgenkompott mit Kardamom und Pekanüssen

FÜR
7–8 GLÄSER
À 200 ML

1,5 kg Zwetschgen
500 g Rohrzucker
Saft einer Zitrone
10 Kardamomkapseln
200 g Pekanusskerne

Das Geheimnis des Zwetschgenkompotts liegt in der Verwendung des Kardamom. Der Geschmack erinnert immer ein bisschen an Weihnachten.

■ Die Zwetschgen waschen, halbieren, entkernen und in einen Topf füllen. Die Kardamomkapseln öffnen.

■ Zucker, Zitronensaft und geöffnete Kardamomkapseln dazugeben und 2 Stunden durchziehen lassen. Ab und zu umrühren.

■ Nun die Früchte 5–6 Minuten unter ständigem Rühren sprudelnd aufkochen lassen.

■ Die Kardamonkapseln entfernen, die Nüsse hinzugeben und alles nochmals 5 Minuten köcheln lassen. Unter Umständen etwas Wasser hinzufügen.

■ Mit diesem Kompott können Sie viele Desserts veredeln oder es einfach zu Vanillepudding oder zur Grießflammeri essen.

Fruchtige Kirschsuppe

Für
4–6 Portionen

600 g Sauerkirschen
200 g Zucker
1 Stange Zimt
1 Sternanis

250 g Mehl
3 Eier
1 EL Zucker
1 Päckchen Vanillezucker
1 Prise Salz
125 ml Milch

Rotlockend hängen die Kirschen am Baum und sicherlich werden die meisten einfach vor Ort genascht. Ein paar finden aber auch den Weg in die Küche und werden dort zu einer köstlichen Suppe mit Mehlklößchen verarbeitet.

■ Die Sauerkirschen entkernen und zusammen mit den Gewürzen in ½ l Wasser aufkochen.

■ Mit dem Zucker abschmecken und die Gewürze herausnehmen.

■ In der Zwischenzeit die Mehlklößchen (Klüten) zubereiten, dafür Mehl, Eier, Vanillezucker, Milch und Salz mischen und esslöffelgroße Klöße abstechen und in die noch kochende Suppe geben. 10 Min. ziehen lassen, und schon ist die süße Kirschsuppe fertig.

Aus der badischen Genussküche, der Kirschplotzer

Für
6–8 Portionen

1 kg Süßkirschen
8 altbackene Brötchen
250 g Butter
250 g Zucker
6 Eier
1 TL Zimt
¼ l Milch

Ein Kuchen, wie er köstlicher nicht sein kann. Die Kirschen haben sich in Teig versteckt, und der Teig besteht zum Teil aus alten Semmeln.

■ Die Butter zusammen mit dem Zucker und dem Eigelb schaumig schlagen.

■ Die Brötchen in Würfel schneiden und mit der leicht erwärmten Milch einweichen.
Für alle, die es gerne echt badisch mögen, ein kleines Gläschen Kirschwasser macht die Sache rund.

■ Die Brötchen mit der Eimasse vermengen, den Zimt hinzugeben und die entsteinten Kirschen unterheben.

■ Das Eiweiß zu Eischnee schlagen und vorsichtig unterheben.

■ Eine Springform mit einem Durchmesser von 26 cm ausfetten, den Teig einfüllen und bei 190 °C 1 Stunde backen.

Tipp

Besonders lecker ist der Kuchen mit einer noch warmen Vanillesauce.

Die knackigen Möhren

Frisch aus der Erde schmeckt die Möhre am besten, aber sie gilt unter Gärtnern als problematisch, da die Pflänzchen oft klein bleiben oder gar nicht erst keimen. Die Ursache sind nasse, schwere oder humusarme Böden. Die Möhre verträgt keinen Mineraldünger und wächst einfach nicht, wenn sie im letzten Jahr an gleicher Stelle stand oder dort andere Doldenblütler wie Petersilie oder Pastinake wuchsen. In der Nachbarschaft von Zwiebeln fühlt sie sich wohl, und diese verhindern auch einen Befall durch die Möhrenfliege.

Ingwermöhren

Für
4–6 Portionen

500 g Möhren
2 kleine Schalotten
1 Stück Ingwer
2 EL Rapsöl
1/4 l Gemüsebrühe
1 TL Honig
4 EL saure Sahne
Kräuter wie Petersilie, Dill und Kerbel
Saft einer Zitrone
1 EL Kapern
Salz, Pfeffer

Diese Beilage ist wahrlich etwas Besonderes, geschmacklich, optisch und auch mit dem Mix aus Vitaminen, Mineral- und Ballaststoffen.

■ Die Möhren waschen, schälen und in Längsstreifen schneiden. Zwiebeln und Ingwer ebenfalls schälen und würfeln.

■ Das Öl erhitzen und Möhren, Ingwer und Zwiebeln leicht andünsten. Die Gemüsebrühe hinzugeben, mit Salz und Honig abschmecken und 10 Minuten gar kochen, dabei die Flüssigkeit reduzieren lassen.

■ Die Kräuter putzen und hacken. Die saure Sahne unter die Möhren rühren, aber nicht mehr kochen, sonst wird sie flockig. Mit Pfeffer abschmecken und mit den Kapern anrichten.

Großmutters Möhrencremesuppe

Für 4–6 Portionen

250 g Möhren
1/4 l Gemüsebrühe
1/8 l Milch
100 ml Dickmilch
Salz, Pfeffer
1/2 Bund Petersilie

Da sind wir uns alle einig, nichts schmeckt besser, als Omas Suppe. Hier kommt nach einem alten Rezept meiner Großmutter eine Möhrensuppe mit Dickmilch.

■ Die geputzten Möhren zerkleinern und in der Brühe weich kochen, anschließend pürieren.

■ Mit der Milch verrühren, den Gewürzen abschmecken und anrichten.

■ Die Dickmilch wird als kleiner Klecks auf dem Teller platziert und das Ganze mit Petersilie bestreut.

Tipp

Sie können Dickmilch auch selbst ansetzen. Dafür nicht pasteurisierte Milch bei 25–28 °C in einer offenen Schüssel für 15–18 Stunden einsäuern und eindicken lassen. Sie ist milder als Joghurt und schmeckt auch als Nachtisch mit Zucker und Zimt.

Die Erbse, nicht nur für feinfühlige Prinzessinnen

Sie lieben lockeren tiefgründigen Boden in sonnigen Lagen, sind aber mit einer einmaligen Kompostgabe im Frühling zufrieden und liefert uns dafür lange Zeit köstliche grüne Perlen oder süße Zuckerschoten.
Ausgesät im März oder Zuckererbsen Mitte April bilden sie unter guten Bedingungen laufend neue Früchte aus und können mehrmals durchgepflückt werden. Auch optisch machen sie was her, denn die meisten Sorten ranken gerne an Stangen oder Gerüsten und sehen mit ihren weißen Blüten sehr hübsch aus.

Grüne Erbsensuppe

Für 4 Portionen

500 g frische Erbsen oder 400 g Zuckerschoten und 100 g frische Erbsen
1/8 l Gemüsebrühe
etwas Butter
1/8 l Milch
Salz, Pfeffer und Muskatnuss
4 EL Crème fraîche
½ Bund Petersilie

Das Süppchen ist schnell gemacht und trotzdem eine kleine kulinarische Offenbarung, denn je nach Geschmack wird sie mit Petersilie oder Minze verfeinert.

■ Die Erbsen oder Zuckerschoten in der Gemüsebrühe mit einem Stich Butter gar kochen. Einige Erbsen für die Dekoration zurückbehalten.

■ In der Zwischenzeit die Petersilie waschen, trocken schütteln und hacken. Die Milch in die Suppe geben und das Ganze pürieren.

■ Mit den Gewürzen abschmecken, auf vier Suppenteller verteilen und mit der gehackten Petersilie bestreuen. Ein Klecks Crème fraîche auf jedem Teller rundet den Geschmack ab.

Tipp

Wer es etwas exotischer mag, nimmt statt Petersilie ½ Bund frische Minze.

Basilikumsalat mit Zuckerschoten

300 g Zuckerschoten
300 g Möhren
25 g Pinienkerne
2 Knoblauchzehen
1 Topf Basilikum
3 EL Balsamicoessig
5 EL Olivenöl
Salz, Zucker

Frische ist hier Trumpf und die etwas mediterane Variante eines Gemüsesalats macht die ganze Sache mit viel Basilikum zu einer runden Sache, die dem Angebot im Garten entgegenkommt. Ein feiner Salat, der an Frische kaum zu überbieten ist.

■ Die Zuckerschoten putzen und 2 Minuten in Salzwasser blanchieren. Die Möhren putzen und in dünne Scheiben schneiden.

■ Die Pinienkerne in einer beschichteten Pfanne ohne Fett leicht anrösten. Den Knoblauch schälen und ganz fein hacken.

■ Für die Vinaigrette Essig, Öl, Knoblauch, Salz und etwas Zucker verrühren. Die Basilikumblätter mit den Zuckerschoten und den Möhren vermengen, mit den Pinienkernen bestreuen und mit der Vinaigrette beträufeln.

Schnippelbohneneintopf

Für
4–6 Portionen

750 g grüne Bohnen
500 g Kartoffeln
1 Bund Bohnenkraut
2 Zwiebeln
1 Bund Suppengrün
300 g Bauchspeck
4 Mettwürstchen
Öl
30 g Mehl
300 ml Fleischbrühe
Salz, Pfeffer
1 Bund Petersilie

Den ganzen Sommer über können die Bohnen geerntet werden, was natürlich bei jedem Gärtner die Frage aufwirft, wie verarbeite ich die Fülle. Den Schnippelbohneneintopf kann man gut einfrieren und dann im Winter, wenn man viel Lust auf Eintopf hat, wieder auftauen und sich so an der guten Ernte noch Monate später freuen.

Ein deftiges Essen, das den Magen füllt und der Seele gut tut.

■ Die Bohnen waschen, fädeln und in schräge Stücke schnippeln (schneiden). Die Kartoffeln ebenfalls schälen und würfeln. Das Suppengrün putzen, waschen und klein schneiden.

■ Das Bohnenkraut zu einem Bündel schnüren und alles zusammen in gesalzenem Wasser nicht zu weich kochen. Das Bohnenkraut nach etwa 10 Minuten entfernen.

■ Die Zwiebeln schälen und fein würfeln. Den Speck ebenfalls würfeln und zusammen mit den Zwiebeln im Fett anbraten. Dann den Speck herausnehmen und das Mehl in das Bratfett rühren.

■ Nach und nach die Brühe und ¼ l Gemüsewasser einrühren und so lange rühren, bis keine Klümpchen mehr zu sehen sind. Mit Salz und Pfeffer abschmecken und das Gemüse zugeben.

■ Die Mettwürstchen entweder im Ganzen in dem Eintopf erwärmen oder in Scheiben schneiden, leicht anbraten und dann dazureichen. Die Petersilie fein wiegen und über den Eintopf streuen.

Warmer Zucchini-Gemüsesalat

Für 6–8 Portionen

2 Zucchini
3 Möhren
1 große Tomate
1 Knoblauchzehe
frisches Basilikum
Olivenöl
2 EL weißer Balsamicoessig
Salz, Pfeffer
Spritzer Zitronensaft

Jeder Gärtner ist froh über neue, schmackhafte Rezepte, die die Ernte mit etwas kulinarischem Schliff versehen. Der Gemüsesalat, der auch gerne lauwarm serviert werden kann, erfüllt alle Ansprüche an ein gutes Gericht, vor allem, wenn die Zucchini nicht so sehr herausschmecken soll.

■ Den Knoblauch schälen und fein hacken. Die Zucchini und die Karotten waschen und mit dem Gemüsehobel in lange Streifen schneiden. Zusammen mit dem Knoblauch in Olivenöl goldbraun anbraten, anschließend auf Küchenkrepp abtropfen lassen.

■ Die Tomate reiben, sodass der Saft und das Fruchtfleisch fein passiert sind. Mit dem Essig, etwas Olivenöl, Salz und Pfeffer vermischen und über die angerichteten Gemüsestreifen geben. Etwas durchziehen lassen und zum Schluss mit einigen Basilikumblättchen garnieren.

Tipp

So kann einiges aus der Gartenernte vereint auf den Teller gebracht und zu einem fröhlich bunten Gericht zubereitet werden.

Schnelle Zucchinipflanzerl

Für
4 Portionen

2–3 kleine Zucchini
200 g Schafskäse
gemischte Kräuter, z.B. Petersilie, Schnittlauch, Dill, Basilikum
2 Eier
50 g Mehl
200 g Kartoffelpüreeflocken
Öl
Salz

Schnell gemacht und genauso schnell verspeist sind diese Zucchiniplanzerl. Mit Schafskäse und einer bunten Kräutermischung verfeinert bringen sie Abwechselung in die Zucchiniküche, denn die Zeit der reifen Zucchinis stellt den Gärtner immer wieder vor die gleiche Frage, wie verarbeite ich die Zucchini heute?

■ Die Zucchini putzen und raspeln. Den Schafskäse zerbröseln und mit den Zucchiniraspeln mischen. Die Kräuter waschen, trocken schütteln und fein hacken. Zusammen mit den Eiern zu der Zucchinimischung geben, das Mehl und die Püreeflocken ebenfalls untermischen.

■ Nach Belieben noch mit Salz abschmecken, aber im allgemeinen reicht der stark gesalzene Schafskäse als Würze.

■ Die Pflanzerl knusprig ausbacken und mit Salat und Kräuterquark servieren.

Tomatenorgien

Die Tomaten mögen Licht und Wärme und hassen es, wenn es ihnen auf den Kopf regnet. Achten Sie schon beim Kauf der Pflanzen oder des Samens darauf, dass sie widerstandsfähig gegen die typischen Erkrankungen wie die Kraut- und Braunfäule sind, dann haben Sie den ganzen Sommer über leckere Früchte.

Beschwipste Tomatensuppe

Für 4–6 Portionen

800 g Tomaten
¾ l Gemüsebrühe
1 Knoblauchzehe
2 EL Tomatenmark
200 g Schlagsahne
100 ml Gin
Paprika rosenscharf, Salz, Cayennepfeffer
Basilikumblättchen

Die runde, rote Tomate schmeckt immer nach Sommer, Sonne und Süden und dieser Geschmack wird nun in der beschwipsten Tomatensuppe aufs Vortrefflichste eingefangen.

■ Die Tomaten mit heißem Wasser überbrühen und anschließend häuten. Den Knoblauch schälen und klein hacken. Zusammen mit der Gemüsebrühe und den Tomaten in einen Topf geben und aufkochen.

■ Mit Tomatenmark und den Gewürzen abschmecken. Die Suppe je nach Geschmack mit Gin verfeinern.

■ Die Sahne steif schlagen, unter die Suppe ziehen. Alternativ kann die Suppe auf Suppenteller aufgeteilt werden und mit einem Löffel geschlagener Sahne verziert werden.

■ Mit den Basilikumblättern dekoriert servieren.

Tomatenflammkuchen

Für 4–6 Portionen

Für den Teig
400 g Mehl
1 EL Trockenhefe
Salz, Zucker
2 Zweige Rosmarin

Für den Belag
7 Tomaten
3 Zwiebeln
300 g Crème fraîche
100 g scharfe Salami
100 g schwarze Oliven
200 g Fetakäse
Pfeffer

Reife Tomaten, köstliche Zwiebeln und Rosmarin aus dem Garten vereinen sich hier zu einem Flammkuchen, der durch den Fetakäse und die Oliven ein bisschen an Griechenland erinnert.

■ Die Rosmarinnadeln von den Zweigen abstreifen und grob hacken. Mehl mit der Hefe, den gehackten Rosmarinnadeln, je 1 Prise Salz und Zucker in die Schüssel geben und mit 250 ml lauwarmem Wasser verkneten. An einem warmen Ort zugedeckt 60 Minuten ruhen lassen.

■ Den Ofen auf 250 °C vorheizen. Die Tomaten waschen und in Scheiben schneiden. Die Salami ebenfalls in Scheiben schneiden. Die Zwiebeln schälen und in dünne Ringe schneiden. Den Teig nochmals durchkneten, vierteln und zu Kreisen oder als Quadrat ausrollen.

■ Die Teigkreise auf Backpapier legen, mit der Crème fraîche bestreichen und mit Zwiebelringen, Tomaten, Salami und Oliven belegen. Den Fetakäse darüberbröseln.

■ Den Tomatenflammkuchen auf unterster Schiene 10–12 Minuten backen und mit Pfeffer würzen.

Die Speisekammer gut füllen

Ein Vergnügen der besonderen Art ist das Horten von gut gefüllten Gläsern mit Konfitüren, Gelees, Gemüse und Obst. Obwohl wir in der heutigen Zeit nicht mehr auf diese Vorratshaltung angewiesen sind hat sich der urzeitlicher Instinkt der Bevorratung erhalten.

Schon als Kind hat mich der Vorratskeller meiner Großmutter fasziniert, standen da doch ordentlich aufgereiht die köstlichsten Sachen in Gläsern oder auch in Steinkrügen. Sie waren mit handgeschrieben Etiketten versehen und nach Datum geordnet und sollten die Sommerernte auch über den Winter retten. Auch ich habe nun eine Speisekammer, kleiner als die meiner Großmutter, aber zwei Fächer sind bestückt mit Gläsern, in denen ich meine Ernte konserviert habe. Ich betrachte sie ab und an mit ein bisschen Stolz und viel Freude.

Die althergebrachte Art der Konservierung, das Einmachen von Obst in Gläsern, ist nicht mehr so weit verbreitet, denn wir können ja den ganzen Winter über frisches Obst im Supermarkt kaufen, und der Aufwand ist enorm.
Schneller, einfacher und moderner geht das Einfrieren, denn dabei bleiben auch die wertvollen Inhaltsstoffe weitgehend erhalten. Die ganze Beerenschar und auch die Sauerkirschen werden einfach gereinigt und dann einlagig auf einem Tablett ausgelegt in die Tiefkühltruhe gelegt. Sind die Früchte einzeln gefroren, kann man sie in eine Dose oder einen Beutel geben, bis sie Verwendung finden. Aber dabei nicht antauen lassen, da sie sonst zusammenfrieren. Auch Gemüse, wie Erbsen, Bohnen, Spinat, Mangold, Brokkoli oder Kohlrabi, vertragen die Kälte hervorragend. Dazu gesellen sich gerne auch Kräuter wie Petersilie, Dill oder Schnittlauch. Rosmarin, Thymian, Bohnenkraut und Majoran finden besser getrocknet ihre Verwendung.

Sehr gerne lässt sich das Obst auch mit Alkohol ein, so schmecken Kirschen, Zwetschgen oder Weintrauben in einem Bad aus Weinbrand oder Cognac zu einem Dessert ausgesprochen gut. Gemüse fühlt sich in Essig sehr wohl, wie die Essiggurke oder die Mixed Pickles zeigen.

Konfitüre einzukochen, ist eine sehr befriedigende Tätigkeit, denn das Ergebnis ist nicht zu vergleichen mit dem Inhalt gekaufter Gläser. Das frische Obst wird, meist zu gleichen Teilen, mit Zucker und etwas Flüssigkeit aufgekocht, bis es zu gelieren beginnt. Selbstverständlich können mit Gewürzen wie Zimt oder Sternanis oder durch Zugabe von Alkohol ganz raffinierte Ergebnisse erzielt werden. Seien Sie kreativ und entdecken Sie das Vergnügen, wenn die Konfitüregläser auf dem Küchentisch stehen und darauf warten, beschriftet zu werden.

Unsere Vorfahren haben schon Obst in der Sonne getrocknet, aber das Dörren ist eine zeitaufwendige und zum Teil auch unökologische Sache, da die Apfelringe oder Birnenscheiben bei kleiner Hitze stundenlang im Backofen verweilen sollen.
Der Geschmack ist allerdings durch den Entzug des Wassers unvergleichlich intensiv. Vielleicht schieben Sie ja ein Blech mit in Scheiben geschnittenen Äpfeln oder Birnen in den Ofen, nachdem Sie gerade einen Kuchen gebacken haben. Dann nutzen Sie die Abwärme und können zu Weihnachten ein Kletzenbrot aus eigenem Obstbestand backen.

Erdbeer-Aperol-Konfitüre

Für
5–6 Gläser
mit 200 ml

1,5 kg Erdbeeren
180 ml Aperol
Saft einer Zitrone
500 g Gelierzucker (3:1)
2 Stängel Zitronengras

■ Die Zitronengrasstängel in grobe Stücke schneiden. Die Erdbeeren putzen, klein schneiden und zusammen mit dem Zitronensaft, dem Zitronengras und dem Aperol aufkochen.

■ Den Gelierzucker hinzugeben, gut verrühren und etwa 4 Minuten sprudelnd kochen lassen.

■ Den Schaum abschöpfen, denn er setzt die Haltbarkeit extrem herab, und die Zitronengrasstücke entnehmen. Dann die Gelierprobe machen.

■ Die Konfitüre in saubere Gläser füllen, verschließen und 5 Minuten auf dem Kopf stehend abkühlen lassen.

Tipp

Der leicht bittere Geschmack des Bitterlikörs verträgt sich gut mit der Süße der Erdbeeren und der Frische des Zitronengrases.

Pfirsich-Lavendel-Konfitüre

Für
5–6 Gläser
mit 200 ml

1 kg Pfirsiche
3 EL frische Lavendelblüten
2 EL Zitronensaft
500 g Zucker
1 Päckchen Gelierhilfe

Der fruchtige Pfirsich macht hier gemeinsame Sache mit dem blumigen Lavendel, was zu einem kulinarischen Erlebnis führt.

■ Die Lavendelblüten fein zerkleinern. Die Pfirsiche waschen, entsteinen, fein würfeln und mit dem Zitronensaft und den Lavendelblüten in einen großen Topf geben.

■ Den Zucker und die Gelierhilfe hinzufügen und unter Rühren 3–4 Minuten aufkochen.

■ Den Schaum abschöpfen, denn er setzt die Haltbarkeit der Konfitüre extrem herab, und die Gelierprobe machen. Dann die Konfitüre in saubere Gläser füllen.

■ Die Gläser gut verschließen, für 5 Minuten auf dem Kopf stellen und dann auskühlen lassen.

Gurkenrelish

3 Salatgurken
3 große Zwiebeln
1/4 l Weißweinessig
200 g weißer Kandiszucker
3 EL gelbe Senfkörner
1 Bund Dill
etwas Meersalz

So wird die grüne Gurke zur Lieblingsspeise für Männer. Ob zum gegrillten Fleisch oder zum Hamburger, das süßsaure Relish macht immer eine gute Figur.

■ Die Salatgurken schälen, entkernen und in kleine Würfel schneiden. Die Zwiebeln ebenfalls schälen und sehr klein würfeln.

■ Alles zusammen mit dem Essig, dem Zucker und den Senfkörnern aufkochen und bei starker Hitze etwa 15 Minuten einkochen lassen.

■ Den Dill waschen, trocken schütteln und hacken. Gegen Ende der Kochzeit unter das Relish mischen. Das Gurkenrelish in saubere Gläser füllen, verschließen und auskühlen lassen.

Superfrische Gurkensandwiches

Für 4 Portionen

1/2 Salatgurke
6 EL Schmand
100 g Fetakäse
frische Minze
Salz, Pfeffer
8 Scheiben Weißbrot oder Tramezzinibrot, nach Belieben auch dunkles Brot

Wie können 90 % Wasser nur so gut schmecken? Die Gurke hat den Frischekick und das fast ohne Kalorien, falls Ihnen das wichtig ist. Die kleinen Gurkensandwiches geben sich hier ein Stelldichein mit dem Schmand und dem Fetakäse. Die Minze sorgt für einen besonderen Geschmack und alles zusammen ist an heißen Tagen der Hit.

■ Die Gurke schälen, die Kerne entfernen und das Fruchtfleisch würfeln und salzen. So verliert sie etwas an Wasser, denn sonst würde das Brot zu sehr aufweichen.

■ Die Würfelchen trocken tupfen. Die Minze waschen, trocken schütteln und hacken. Den Schmand mit dem zerkrümelten Fetakäse verrühren und die gehackte Minze nach Geschmack unterrühren.

■ Mit Salz und Pfeffer abschmecken und auf vier Brotscheiben verteilen. Jeweils mit einer zweiten Scheibe Brot abdecken und in Dreiecke schneiden. Schmeckt frisch und lecker beim Picknick zum Salat. Sprossen geben dem Ganzen den Vitaminstoß.

Sie erfreuen jedes Gärtnerherz, die langen Schlangengurken oder die kleineren Gurken, die man einlegt, wenn sie frisch und knackig auf den Tisch kommen.

Blütenpracht im Sommergarten

Der Fingerhut ist eine äußerst attraktive Pflanze, aber leider sehr giftig und daher für einen Garten mit Kindern oder Tieren nicht geeignet.

Mein Garten ist in den Sommermonaten im Farbenrausch. Sattes Orange steht neben Blau, im Beet wetteifern die violetten Sommerastern mit dem Rot, dem Gelb und dem Orange der Schmuckkörbchen. Die Blumen übertrumpfen sich gegenseitig mit ihren Farben. Gerade der Augustgarten will genossen werden, die zweite Rosenblüte steht an, der Phlox lockt mit seinem Duft und seiner Blütenpracht, und die Sonnenblumen stehen aufrecht dort, wo die Vögel sie ausgesät haben.

Der Sumpfsalbei hat sich seinen Beinamen Hummelschaukel redlich verdient. Straff und aufrecht steht er da und reckt seine himmelblauen Blüten in die Luft, gerne auch am Teichrand, wo er dank der Feuchtigkeit zu wuchern beginnt. Die Bienen und Hummeln besuchen ihn zu Hunderten und so wippt und schaukelt seine Blüte unablässig hin und her. Auch sein Verwandter, der Mehlsalbei, hat hübsche, blaue Blütenähren, weiß bemehlt, die sich bezaubernd in den Himmel strecken.

Das Löwenmäulchen ist eine entzückende Pflanze mit einer Vielfalt, die bis auf Blau alles beinhaltet, was die Farbpalette so hergibt. In meinem Garten steht es bis in den Herbst hinein in Blüte und erfreut uns mit seiner Blühfreudigkeit.

Der Rittersporn, eine typische Bauerngartenpflanze, steht stolz im Gartenbeet, er mag es gerne sonnig mit schattigen Füßen.

Hitze verträgt er sehr gut, wenn er ausreichend Wasser bekommt. Dann belohnt er den Gärtner mit vielen blauen Blütenrispen, die einfach bezaubernd aussehen.

Die Flammenblume, auch Phlox genannt, zeigt sich gerne zusammen mit dem Rittersporn, denn mit ihren zarten Farben in Weiß und Rosa sind die beiden ein Dreamteam für jeden Bauerngarten. Leider ist sie in praller Sonne anfällig für den Mehltau, daher sollte sie lieber leicht beschattet gepflanzt werden.

Das Schmuckkörbchen schwebt auf zartem Stiel über dem Beet. Es ist eine genügsame Pflanze, die einen sonniges und warmes Zuhause haben möchte, dann bedankt es sich mit vielen farbenfrohen Blüten.

Der August ist gelb

Im August ist die Farbe Gelb vorherrschend in unserem Garten, allen voran stehen die hohen Sonnenblumen, die mit Höhen von über 3 m alles überragen. Die Sonnenbraut mit ihrem Farbspiel von Gelb über Orange bis Braunrot sorgt für Fülle und wird vom Sonnenhut unterstützt. Gelb macht mit seiner Heiterkeit den Garten fröhlich und licht.

„Die goldene Blume der Schwermut" wurde die Sonnenblume in einem Gedicht von Georg Trakl genannt. Die hochgewachsenen Blumen wippen und nicken mit ihren schweren, gelben Köpfen im Wind und kündigen eigentlich schon den nahen Herbst an. Als anspruchslose Beetpflanze steht sie gerne im Hintergrund, denn durch ihren sehr hohen Wuchs kann sie dort immer noch alles überblicken. Auch die gefiederten Mitbewohner freuen sich über die Sonnenblume, denn die Kerne sind eine beliebte Nahrungsquelle.

Im Gegensatz zur Sonnenblume duckt sich die Studentenblume und eignet sich damit sehr gut als Beetbegrenzung und Vordergrundpflanze. Sie mag es gerne sonnig und bezaubert uns mit ihren vielen gelben und orangen Blüten.

Der Sonnenhut ist wohl eine der attraktivsten Sommerblumen, mit seinem hohen Wuchs und den eindrucksvollen gelben Strahlenblüten. Er ist nicht sehr anspruchsvoll, kann Trockenheit jedoch nicht ausstehen. Auch die verblühten Fruchtstände zieren den Garten, darum schneiden Sie die Pflanze nicht gleich zurück.

Die fleißige Kapuzinerkresse wird direkt ins Beet gesät und rankt und blüht bis zum ersten Frost. Sie ist sehr schattenverträglich, also auch für Baumscheiben geeignet. Ihre hübschen gelben und orangen Blüten zeigt sie reichlich, was uns sehr erfreut, denn sie sind essbar und schmecken ein bisschen nach Radieschen.

TIPP:

Der Sommer erweitert unseren Lebensraum um den Außenbereich und, egal ob Balkon oder Kleingarten, die Mußestunden draußen zwischen duftenden Blumen genießen wir sehr.

Ein gemütliches Sommergrillfest

Die Nächte sind lau und wann immer sich die Gelegenheit bietet, wird bei uns gegrillt, da ist sich die Familie einig, und selbst diejenigen, die normalerweise beim Abendessen gerne mit ihrem Teller in ihrem Zimmer verschwinden, sitzen gemütlich am Tisch.

Grillkartoffeln

Für
8 Portionen

8 große Kartoffeln
4 getrocknete Tomaten in Öl
100 g mittelalter Gouda
Salz, Pfeffer
gerebelter Thymian

■ Die Kartoffeln unter fließendem Wasser abbürsten und vorkochen. Das kann auch gerne am Vortag gemacht werden.

■ Die abgekühlten Kartoffeln in Alufolie wickeln und 15 Minuten auf dem Grill fertig backen.

■ Die Tomaten klein schneiden und mit dem Öl und dem geriebenen Käse vermischen, mit dem Thymian würzen.

■ Wenn die Kartoffeln gar sind, vom Grill nehmen, die Alufolie vorsichtig oben etwas öffnen und die Kartoffel einschneiden. Die Käsemischung hineingeben, die Alufolie wieder verschließen und nochmal einige Minuten auf dem Grill zergehen lassen.

Tomaten in Folie

Für 8 Portionen

8 Tomaten
200 g Ricotta
100 g Pesto
Salz, Pfeffer

Nicht nur Fleisch, auch Gemüse, Pilze und Beilagen kommen auf den Rost und bereichern unseren Speiseplan, nicht nur den der vegetarischen Gäste.

- Die Tomaten waschen, trocken tupfen und den Deckel abschneiden. Mit einem kleinen Löffel die Tomate aushöhlen.

- Den Ricotta mit dem Pesto mischen, abschmecken und in die ausgehöhlten Tomaten geben. Den Deckel wieder daraufsetzen und das Ganze in Alufolie wickeln.

- Die eingewickelten Tomaten 5–8 Minuten auf den Grill setzen.

Tipp

Statt Ricotta kann man auch gerne Mozarella nehmen, der schmilzt schnell und schmeckt köstlich.

Leckere Grillmarinaden

Selbst mariniertes Fleisch erfreut sich in den letzten Jahren immer größerer Beliebtheit. So eine Marinade ist in der Regel schnell angerührt, und dann kann sich das Fleisch darin über Nacht entspannen. Bevor ich das Fleisch auf den heißen Grillrost lege, tupfe ich die Marinade etwas ab. Wer den Rost nach dem Grillen nicht schrubben möchte, kann das Fleisch natürlich auch auf Alugrillschalen legen.
Die hier vorgestellten Marinaden lassen sich auch für andere Fleischsorten verwenden und ganz nach Geschmack variieren. Alle Mengenangaben sind für 8 Portionen gerechnet.

Kräutermarinade für Lammkotelettes

4 Knoblauchzehen
4 Zweige Thymian
4 Zweige Rosmarin
250 ml Olivenöl
Salz, Pfeffer

■ Die Knoblauchzehen schälen und zerdrücken. Die Thymianblättchen und die Rosmarinnadeln von den Zweigen streifen.

■ Die Kräuter mit dem Knoblauch und dem Olivenöl mischen und mit Salz und Pfeffer abschmecken.

■ Die Lammkottelettes kalt abspülen, trocken tupfen und über Nacht marinieren.

Scharfe Grillmarinade für Schweinefleisch

4 EL scharfer Senf
2 EL Zitronensaft
2 TL Worchestersoße
200 ml Bier
2 TL Majoran
Salz, Pfeffer

■ Den Senf mit dem Zitronensaft, der Worchestersoße und dem Bier glatt rühren.

■ Die Majoranblättchen abzupfen, rebeln und unter die Marinade rühren. Mit Salz und Pfeffer abschmecken.

■ Nackensteaks oder Schnitzel kalt abspülen, trocken tupfen und über Nacht einlegen.

Fruchtige Marinade für Geflügel

200 g Tomaten
Saft einer Orange und einer Zitrone
60 g Honig
Tabascosoße
Salz, Pfeffer

■ Die Tomaten an der Unterseite kreuzweise einschneiden, mit heißem Wasser überbrühen und häuten.

■ Anschließend im Mixer pürieren und mit dem Zitronen- und Orangensaft vermischen. Den Honig unterrühren, mit Tabasco, Salz und Pfeffer abschmecken.

■ Das Geflügel kalt abspülen, trocken tupfen und über Nacht darin einlegen.

Marinade für Meeresfrüchte

2 Knoblauchzehen
Saft einer Zitrone
4 Zweige Thymian
60 ml Olivenöl
Salz, Pfeffer

■ Die Knoblauchzehen schälen und zerdrücken. Die Thymianblättchen von den Zweigen streifen.

■ Knoblauch und Thymian mit dem Saft der Zitrone und dem Olivenöl mischen und mit Salz und Pfeffer abschmecken.

■ Die Meeresfrüchte putzen und über Nacht darin marinieren.

Gartenfeste schön dekorieren

Was wäre ein Gartenfest ohne Lampions und Laternen? Leichte Papierlampions können mit farblich passenden Stoffbändern aufgehängt werden. Auch Windlichter und Laternen dürfen nicht fehlen und sorgen in der Dämmerung für stimmungsvolles Licht.

Die Nächte sind lau und laden zum Feiern ein. Was wäre der Sommer ohne ein Fest im Garten und sei er auch noch so klein? Damit so ein Sommerfest ein voller Erfolg wird, braucht es vor allem eines: schönes Wetter. Laden Sie Ihre Gäste getrost kurzfristig ein, wenn Sie zuvor angekündigt haben, dass bei der nächsten Schönwetterphase ein Fest unter freiem Himmel stattfinden soll.
Stellen Sie vorsorglich einen dekorativen Pavillon oder einen großen Sonnenschirm auf, falls das Gewitter Sie doch noch überrascht. Mit bunten Stoffbahnen verkleidet wird daraus während des heißen Tages ein Sonnenschutz und in der Nacht unter Umständen ein Regenschutz. Hübsch mit bunten Stoffwimpeln verziert, die lustig im Wind flattern, sorgt so ein Pavillon für sommerliche Stimmung. Eine Wimpelkette ist auch aus bunten Papieren, einer Schnur und etwas Kleber schnell selbst hergestellt. Bunte Sträußchen in kleinen leeren Flaschen sorgen für Sommer auf dem Tisch.

Gutes Essen und erfrischende Drinks gehört selbstverständlich zu jedem Fest. Im Freien müssen Sie jedoch kein aufwendiges Menü zaubern, handliches Fingerfood, knackige Salate direkt vom Beet und fruchtige Durstlöscher machen gute Laune. Verziert mit lustigen Schirmchen und frischem Obst vom Baum oder vom Strauch ist ein Fruchtcocktail die ideale Erfrischung.
Vergessen Sie die kleinen Süßen nicht. Muffins, Brownies oder Madalenas sind die zuckrigen Häppchen der Saison, aber auch Panna cotta mit frischen Früchten oder der gute alte Wackelpudding sind willkommene Nachspeisen auf der Gartenparty.
Bei allen Vorbereitungen und Gastgeberpflichten sollten Sie aber vor allem eines im Auge behalten: den Spaß.

FeTe

Herbst – die letzte Zeit im Garten

Was ist zu tun im Herbst?

Für mich ist der Ausklang des Sommers immer eine besonders schöne Zeit. Die intensiven Farben der Herbstblüher, das bunte Laub und die reifen Früchte zeigen an, dass die Natur ihr Jahresziel erreicht hat. Die Dahlien, Astern und die Heide trumpfen auf mit ihren Farben und machen den Abschied vom Gartenjahr etwas leichter. Fast über Nacht lodert das Laub der Gehölze in knalligem Gelb, Orange und Rot, der Ahorn, der Essigbaum und der Faulbaum zeigen sich in ihren faszinierendsten Farben. Genießen auch Sie das herbstliche Feuerwerk.

Bei der Gemeinschaftsarbeit in den Schrebergärten werden im Herbst und im Frühjahr die öffentlichen Wege und die allgemeinen Plätze gepflegt und gesäubert.

Die Birnenernte ist fast abgeschlossen, aber die Apfelernte ist noch in vollem Gange. Wollen Sie einen Apfelbaum pflanzen, dann können Sie jetzt in einer guten Baumschule Ihre bevorzugte Sorte austesten. Meine Lieblingssorte ist der Klarapfel, der mich an meine Kindheit erinnert. Die Geschmäcker sind aber verschieden und die Auswahl ist groß.

Der Weißanstrich von Obstbäumen verringert die Gefahr von Frostriss, denn das Weiß reflektiert die Sonnenstrahlen und vermindert eine übermäßige Erwärmung.

Der späte Herbst ist die beste Zeit, neue Obstgehölze, Zierhölzer und Rosen zu pflanzen oder umzupflanzen, falls im letzten Jahr nicht der richtige Platz gewählt wurde. Bei einer Herbstpflanzung können die Obstgehölze noch im gleichen Jahr anwachsen, alternativ können sie aber auch im zeitigen Frühjahr gepflanzt werden, wenn der Boden aufgetaut ist.

Die empfindsame Rose sollte für den Winter gut geschützt werden. Die Ranken der Kletterrosen schützt man am besten mit Fichtenzweigen oder Rohrmatten vor dem kalten Wind.

Nachdem nun auch die letzte Herbststaude verblüht ist, können die meisten Stauden zurückgeschnitten werden. Gräser und Stauden mit dekorativen Samenständen oder Blattwerk bleiben gerne stehen und sehen mit Raureif überzogen oder fein beschneit immer noch entzückend aus. Viele Kleintiere und Insekten finden dort auch eine Überwinterungsmöglichkeit.

Was kann im Herbst noch alles geerntet werden?

Um noch einen kleinen vitaminreichen Nachschub in der kalten Jahreszeit zu haben, sollten Sie jetzt Vorsorge treffen und einige kälteresistente Salatsorten auspflanzen. Radicchio, Feldsalat, Endivien oder Portulak können so noch in der kalten Jahreszeit unter Folie geerntet werden. Auch einige Zichoriengewächse wie Chicoree oder der lagerfähige Zuckerhut bereichern den Speiseplan, und ganz unter uns, die enthaltenen Bitterstoffe sind ein echter Fatburner gegen drohenden Winterspeck.

Die Zeit der Kürbisernte ist nahe und sie liegen leuchtend orange in unserem Garten. Wir freuen uns immer auf die delikaten Suppen oder das würzige Fruchtfleisch, aber manchmal fällt die Ernte so üppig aus, dass wir gar nicht mehr wissen, wie wir sie verarbeiten sollen. Glücklicherweise lassen sich aber Kürbisse gut einlagern, denn an einem trockenen, kühlen, frostfreien Platz bleiben sie wochenlang, ja, sogar monatelang frisch. Achten Sie bei der Ernte darauf, das ein Stück vom Stiel an der Frucht bleibt, dann hält sich die dicke Beere, botanisch gesehen ist sie das, länger. Reif ist der Kürbis, wenn er einen trockenen, harten Stielansatz und eine harte Schale hat.

Der Winterlauch wurde im April direkt ins Freiland gesät, und nachdem der sommerliche Kollege schon lange verspeist wurde, steht der winterliche Lauch noch stramm auf den Beeten. Bis in den Winter hinein kann er geerntet werden.

Zwiebeln werden im Garten gestaffelt angebaut, so haben sie im ganzen Jahr Saison. Die Winterzwiebel sät man im August, sie bleibt im Winter auf dem Beet und kann ab Mai geerntet werden. Die Frühaussaat vom März kann man dann im August oder September ernten.

Der Weißkohl und sein Bruder, der hübsche Wirsing, unterscheiden sich geschmacklich, aber nicht im Anbau. Es gibt frühe, mittlere und späte Sorten und alle brauchen einen gut gedüngten Boden. Nach einer Kulturdauer von 10 oder, je nach Sorte, auch 20 Wochen kann geerntet werden. Die späten Sorten sind nicht frostempfindlich und stehen im Garten bis zum frühen Winter.

Tipp

Beim Gemüseanbau im Garten sollte man auch die Attraktivität der Pflanzen nicht vergessen. Die Kohlgewächse sehen mit ihren dicken Köpfen immer hübsch aus und auch der Grünkohl oder der Palmkohl setzen Akzente.

Bratapfelphilosophie

Für 4 Portionen

6 Äpfel
50 g Zucker
200 g Sahne
4 EL Puderzucker

250 g Himbeeren
evtl. auch tiefgekühlt

■ Zwei der Äpfel schälen, entkernen und klein schneiden. Mit wenig Wasser und dem Zucker weich kochen, abkühlen lassen.

■ Die Sahne steif schlagen und mit der abgekühlten Apfelmasse vermengen, für 4 Stunden in die Gefriertruhe geben, ab und zu umrühren.

■ Den Ofen auf 180 °C vorheizen. Die Himbeeren mit dem Puderzucker pürieren, einige besonders schöne Exemplare für die Dekoration aufheben.

■ Die restlichen Äpfel mit dem Kerngehäuseausstecher entkernen und in einer feuerfesten Form etwa 20 Minuten im Ofen garen.

■ In die heißen Äpfel die Eismasse füllen. Mit der Himbeersoße anrichten und mit den frischen Himbeeren garnieren.

Der Apfel sorgte schon im Paradies für Unruhe, aber bei den geeisten Bratäpfeln auf Himbeersoße sind sich alle einig: Das ist eine Sünde wert! Und dann kann man rufen: „Kinder kommt und ratet, was im Ofen bratet!"

Apfelkuchen im Kochtopf

Für 6–8 Portionen

200 g Butterkekse
300 g Mehl
1/2 Päckchen Backpulver
250 g Sahne
300 g Zucker
4 Eier
3 Äpfel
3 EL Zitronensaft
2–3 EL Butter

Die Äste biegen sich unter der Last der Äpfel und jeder Kleingärtner ist dankbar für ein neues, schmackhaftes Rezept, um die üppige Ernte zu verarbeiten. Dieser Apfelkuchen ist nicht zu übertreffen. Er schmeckt grandios und ist kinderleicht gemacht, und zwar im Kochtopf!

■ Die Butterkekse zerbröseln und mit dem Mehl und dem Backpulver mischen. Die Sahne halb steif schlagen, dabei die Hälfte des Zuckers einrieseln lassen. Nach und nach die Eier zugeben, anschließend das Keks-Mehl-Gemisch.

■ Den Ofen auf 180 °C vorheizen. Die Äpfel schälen und mit dem Kerngehäuseausstecher die Mitte ausstechen. Dann in Ringe schneiden und mit Zitronensaft beträufeln.

■ Den restlichen Zucker in einem möglichst flachen Topf (Ø etwa 25 cm) bei kleiner Temperatur schmelzen lassen, die Apfelscheiben hineinlegen und die Butter an der Wand des Topfes rundum schmelzen lassen. Anschließend den Teig einfüllen.

■ Dann den Kuchen im vorgeheizten Backofen 50 Minuten backen. Noch warm vom Topfrand lösen und auf eine Platte stürzen.

Lauwarm serviert und mit Schlagsahne übergossen – ein echter Genuss, der allerdings nicht lange vorhält. In unserer Familie ist der Kuchen ruckzuck verspeist!

Rotweinbirnen

2–3 Birnen
300 ml Rotwein
5–6 EL Zucker
1 Zimtstange
2–3 Nelken nach Belieben
3 Pimentkörner nach Belieben
1 Lorbeerblatt
Saft einer Orange und einer Zitrone

Sie nehmen Farbe an, die Birnen, und sehen damit sehr appetitlich aus, nachdem sie in Rotwein und weihnachtlich anmutenden Gewürzen gebadet haben. Kochen Sie die Birnen nicht zu weich, denn zum Wild brauchen sie ein bisschen Biss.

■ Die Birnen schälen, entkernen und halbieren.

■ Den Rotwein zusammen mit dem Orangen- und Zitronensaft und dem Zucker, sowie den Gewürzen aufkochen. Die Birnen hineinlegen und darin knapp weich kochen.

■ Anschließend vom Herd nehemen und über Nacht in dem Sud ziehen lassen, so nehmen sie die interessante rote Farbe an.

Tipp

Schmeckt hervorragend zu Wild oder als Dessert zu Pistazieneis oder Quarkspeisen.

Ofenschlupfer mit Birnen

Für ca. 4 Gläser

4 altbackene Brötchen
4 Birnen
nach Belieben Rosinen, Mandelblättchen oder andere Nüsse
1/2 l Milch
3 Eier
2 EL Zucker
1 EL Zimt
2 EL Paniermehl
100 g Butter

4 Einmachgläser à 250 ml

Die würzige „Gräfin von Paris", die schmackhafte „Frühe von Trevoux", oder die saftige „Alexander Luca", alte Birnensorten die mit ihrem Namen auf edel machen, aber auch die „Stuttgarter Gaishirtle" oder die „Ulmer Butterbirne" warten mit einem unvergleichlichen Geschmack auf.

■ Die Birnen schälen und vierteln, die Brötchen in Scheiben schneiden. Die Einmachgläser einfetten.

■ Die vorbereiteten Brötchen und Birnen mit den Rosinen oder Nüssen in die Gläser schichten. Dabei mit Brötchenscheiben beginnen und enden.

■ Die Milch mit dem Zucker, dem Zimt und den Eiern verquirlen und darübergießen. Mit Paniermehl bestreuen und mit Butterflöckchen belegen.

■ Zucker und etwas Zimt aufstreuen und im vorgeheizten Backofen bei 175 °C etwa 35 Minuten backen. Schmeckt hervorragend mit warmer Vanillesoße.

Birnen direkt vom Baum, ein Genuss, den die Kleingärtner zu schätzen wissen. Hier wurde die Birne unter altbackenen Brötchen vom Vortag versteckt, ein schwäbisches Resteessen, das auch mit Äpfeln wunderbar schmeckt.

Kürbisspalten aus dem Ofen

Für 4–6 Portionen

1 Hokkaidokürbis
2 Zwiebeln
1 Knoblauchzehe
Saft von 1 Zitrone
Olivenöl
Salz, Pfeffer
Chilliflocken
200 g Frischkäse, besonders raffiniert ist Ziegenfrischkäse
80 g Parmesan

In der Zwischenzeit sind die Beete fast abgeerntet, nur der Grünkohl und der Rosenkohl warten noch auf ihren Einsatz, so hatte die Kürbispflanze viel Platz sich auszudehnen und hat viele Riesenbeeren produziert, denn der Kürbis ist tatsächlich die größte Beere der Welt!

■ Den Ofen auf 180 °C vorheizen. Den Kürbis vierteln, die Kerne entfernen und ungeschält in Spalten schneiden. Die Schale kann beim Hokkaido mitgegessen werden.

■ Zwiebeln und Knoblauch schälen und fein würfeln, mit dem Saft der Zitrone, etwas Olivenöl und den Chilliflocken verrühren und über die Kürbisspalten träufeln.

■ Die Kürbisspalten 20 Minuten auf dem Backblech im vorgeheizten Backofen gar backen. Dann den Frischkäse auf den Spalten verteilen, Parmesan darüberhobeln und weitere 5 Minuten backen.

Tipp

Schmeckt hervorragend zu Fleisch oder Fisch oder als kleiner Imbiss, wenn es mal schnell gehen soll.

Kürbisrisotto mit Graupen

Für 4–6 Portionen

1 Hokaidokürbis von 500 g
1 Zwiebel
1 Knoblauchzehe
250 g Perlgraupen
1 l Gemüsebrühe
100 ml Weißwein
2 EL Butter
10 Salbeiblätter
150 g Gorgonzola
Salz, Pfeffer und Muskatnuss

Hier bringt der Kürbis Farbe und Geschmack ins Risotto und der Reis wird durch Graupen ersetzt. Kross gebratene Salbeiblätter aus dem Garten runden mit dem Parmesan das Gericht ab.

■ Die Zwiebeln und den Knoblauch schälen und fein würfeln. In Butter anschwitzen. Die Graupen unterrühren, mit Weißwein und Gemüsebrühe ablöschen.

■ Den Kürbis halbieren, die Kerne entfernen und das Fruchtfleisch kleinschneiden, beim Hokkaido kann man die Schale mitessen. Zu den Graupen geben und 20 Minuten köcheln lassen, bis beides gar ist. Mit Salz, Pfeffer und Muskatnuss abschmecken und den Käse unterrühren.

■ Die Salbeiblätter kross anbraten und auf dem Risotto verteilen. Sollten Sie kein Freund von Graupen sein, so kann das Risotto auch ganz konventionell mit Reis gekocht werden.

Nicht nur für den Gaumen hat der Kürbis etwas zu bieten, nein, auch für die Gesundheit, ist er mit seinen Inhaltsstoffen doch eine ideale Diät bei Bluthochdruck und Herz- und Nierenleiden, hilft bei Verdauungsproblemen und senkt den Cholesterinspiegel.

Rote Knollen

Die Roten Rüben waren schon den Griechen und Römern bekannt, wurden aber erst im 13. Jahrhundert bei uns kultiviert. In den skandinavischen Ländern sowie in Polen und Russland war sie schnell in die Landesküche integriert, nur bei uns fristet sie ein trauriges Dasein als saure Konserve.
Im April ausgesät erfreut sie uns schon im Juli mit ihren Knollen. Vorsicht ist allerdings geboten, denn die rote Knolle verfärbt alles, auch Hände und Kleidung.

Fruchtige Rote Bete

Für
4–6 Portionen

9 Rote Bete
1 EL Zucker
1 EL Salz
1/8 l Obstessig
30 g Butter
3 EL Orangenmarmelade

Rote-Bete-Gemüse ist nicht jedermanns Sache, aber auch wenn man den erdigen Geschmack nicht mag, diese fruchtige Variante sollte man probieren. Zu Wildgerichten ein echter Renner.

■ Die Rote Bete säubern und mit Zucker, Salz und Essig etwa 1 Stunde kochen. Anschließend kalt abschrecken, schälen, dazu ziehe ich gerne Einmalhandschuhe an, und klein schneiden.

■ Die Butter in einer Pfanne zerlassen und die Orangenmarmelade einrühren. Die Rote Bete kurz darin schmoren lassen.

Blaukrautsalat mit Birnen

Für 4–6 Portionen

- 500 g Blaukraut
- 100 ml Rotwein
- 75 ml Rotweinessig
- 1 Stange Zimt
- 1 Lorbeerblatt
- 2 Birnen
- 3 EL Walnuss- oder Diestelöl
- 4 EL Apfelessig
- Saft einer Zitrone
- 2 EL Honig
- 40 g Pinienkerne
- 2 Schalotten
- Salz

Das Blaukraut, im Norden auch Rotkohl genannt, war früher eigentlich ein Arme-Leute-Essen, hält aber seit einiger Zeit Einzug in die feine Küche. In der Landhausküche war es immer schon fester Bestandteil des Speiseplans, ist es doch gut lagerbar und liefert reichlich Mineral- und Ballaststoffe sowie eine extra Portion Eisen. Gerade in der kalten Jahreszeit ein echter Abwehrspieler gegen die Schwächung des Immunsystems.

■ Das Blaukraut in sehr feine Streifen schneiden und zusammen mit dem Rotwein, dem Rotweinessig, der Zimtstange und dem Lorbeerblatt weich dünsten.

■ In der Zwischenzeit die Birnen schälen, entkernen und vierteln oder achteln.

■ Das Walnuss- oder Diestelöl mit dem Apfelessig, dem Zitronensaft und dem Honig verrühren und mit Salz abschmecken.

■ Die Pinienkerne in einer trockenen Pfanne anrösten. Die Schalotten schälen und fein würfeln.

■ Den Blaukrautsalat mit den Birnenspalten anrichten, mit den Pinienkernen bestreuen und mit dem Dressing beträufeln.

Schmeckt sicher auch allen Blaukraut-skeptikern, denn der Salat ist immer noch knackig und hat Biss.

Vegetarische, große Wirsingroulade

Für 4–6 Portionen

6–8 große Wirsingblätter
100 g Langkornreis
6 Lauchzwiebeln
Butterschmalz
250 g Kartoffeln
Petersilie
4 Knoblauchzehen
100 g geriebener Parmesan
100 g Feta-Käse
2 Eier
Salz, Pfeffer
60 g Semmelbrösel
getrockneter Thymian
Buttermasse
50 g mittelalter Gouda

Der Zarte unter den Kohlköpfen besticht durch seine dunkelgrünen, welligen Blätter. Auch Gourmetköche wissen sein feines Aroma zu schätzen, wir wenden uns aber den ländlichen Gerichten zu und verarbeiten die schönen großen Blätter zu einer vegetarischen Roulade.

■ Die groben Blattrippen der Blätter flach schneiden und die Blätter einige Minuten in Salzwasser weich kochen. Anschließend in Eiswasser abschrecken.

■ Den Reis in Salzwasser gar kochen. Die Lauchzwiebeln putzen, in feine Ringe schneiden und einige Minuten in Butterschmalz andünsten.

■ Die Kartoffeln mit Schale kochen, anschließend schälen und noch warm durch die Kartoffelpresse drücken.

■ Den Ofen auf 175 °C vorheizen. Die Petersilie waschen, trocken tupfen und hacken. Die Knoblauchzehen schälen und ebenfalls hacken.

■ Die Kartoffeln, den Reis, den Parmesan, den zerbröselten Schafskäse, die Lauchzwiebelringe und die gehackte Petersilie zusammen mit den Eiern und den Gewürzen vermischen.

■ Die Blätter des Wirsings trocknen, auf einem Küchentuch zu einem Quadrat auslegen und die Füllung aufstreichen. Anschließend die Roulade aufrollen und die Enden einschlagen.

■ Die Roulade auf ein mit Backpapier ausgelegtes Blech legen und im vorgeheizten Ofen etwa 45 Minuten backen.

■ Für die Käsekruste die Semmelbrösel zusammen mit dem Thymian in heißem Fett anbräumen, gegen Ende der Backzeit über die Roulade geben und mit dem geriebenen Käse überbacken.

■ Vor dem Anschneiden die Roulade noch etwa 15 Minuten ruhen lassen.

Tipp

Ihnen fehlt die Soße? Dann dünsten Sie doch einfach 2 rote Paprika an, schmecken sie mit etwas Zitronensaft, Salz und Pfeffer ab und ziehen saure Sahne unter. Geht schnell und schmeckt gerade zur Wirsingroulade sensationell.

Wirsingsalat mit Stangensellerie

Für 4 Portionen

500 g Wirsing
4 Stangen Sellerie
2 Orangen
100 g Erdnüsse
2 EL Olivenöl
200 g Sahne
Senfpulver
Salz

Der Wirsing ist ein echtes Multitalent, macht er doch als Gemüsebeilage eine ebenso gut Figur wie, fein aufgeschnitten, als Salatvariante für die Wintermonate. Die schönen welligen Wirsingblätter eignen sich auch zur Dekoration oder als Behältnis für Dips.

■ Den Wirsing in feine Streifen schneiden und den Stangensellerie in dünne Scheiben. Beides in einer Schüssel vermengen.

■ Die Orangen schälen, filettieren und Spalten halbieren. Die Erdnüsse grob hacken.

■ Das Öl mit der Sahne und etwas Salz verrühren, das Senfpulver vorsichtig verwenden und je nach Geschmack unterrühren.

■ Den Salat mit den Orangenspalten und den Erdnüssen anrichten und die Marinade überträufeln.

Tipp

Für diesen Salat eignet sich gut das Herz des Wirsings, dessen Blätter für die Roulade verwendet wurden.

Schnelle Lauchschnecke

Für 6–8 Portionen

300 g Lauch
1 EL Öl
2 TL getrockneter Thymian
125 g gekochter Schinken
120 g mittelalter Gouda
1 Zitrone
Salz, Pfeffer
1 Paket fertiger Blätterteig
1 Ei
1 EL Milch

Diese Lauchschnecken können Leidenschaft wecken, denn sie sind schnell gemacht und wohl die einzigen Schnecken, die in unserem Garten gerne gesehen sind.

■ Den Lauch gründlich waschen, längs halbieren und in 2 cm dicke Ringe schneiden. Mit dem Öl und dem Thymian etwa 3 Minuten andünsten.

■ Den gekochten Schinken würfeln, den Gouda reiben und zusammen mit der Schale der Zitrone und dem Lauch vermischen. Mit Salz und Pfeffer abschmecken.

■ Den Ofen auf 200 °C vorheizen. Den fertigen Blätterteig entrollen und die Lauchmasse darauf verteilen, dabei einen Rand von 1 cm frei lassen. Das Ei trennen und die Ränder mit dem Eiweiß bestreichen. Den Teig zu einer festen Rolle formen.

■ Die Rolle in 2 cm dicke Scheiben schneiden und diese nebeneinander auf ein mit Backpapier ausgelegtes Backblech legen.

■ Das Eigelb mit der Milch verquirlen und die Schnecken damit einpinseln.

■ Auf der mittleren Schiene etwa 20 Minuten goldbraun backen. Schmeckt warm oder kalt aus der Hand, wenn man die Schnecken im Garten serviert.

Zarte Kopfsalatherzen mit mariniertem Lauch

Für
6–8 Portionen

8 Lauchstangen
3 Sardellenfilets
10 Kapern
2 EL Weißweinessig
1 EL Olivenöl
1 TL Dijonsenf
Salz, Pfeffer, Zucker
gemischte Kräuter der Provence
2 Kopfsalatherzen
100 g Roquefort

Der Lauch, auch Porree genannt, ist ein vielseitiger Vitaminlieferant, er verschafft Suppen eine würzige Grundlage, verleiht Fleisch und Fisch eine aromatische Note und kann als Gemüse die Geschmacksnerven kitzeln. In meiner Familie scheiden sich die Geister, wenn es um Lauch geht, aber die Kopfsalatherzen mit mariniertem Lauch sorgen für Einklang am Tisch.

■ Den Lauch putzen, in 10 cm lange Stücke schneiden und 5 Minuten in Salzwasser kochen. Die Sardellenfilets abspülen, trocken tupfen und zusammen mit den Kapern fein hacken.

■ Aus dem Essig, dem Öl, dem Senf und den Gewürzen eine Marinade rühren, die Sardellen und die Kapern sowie die Kräuter unterziehen. Den Lauch mit der Marinade übergießen und 30 Minuten ziehen lassen.

■ Den Kopfsalat halbieren, zusammen mit dem Lauch anrichtend, mit dem zerbröselten Roquefort überstreuen und mit der Marinade beträufeln.

Letzte Blütenpracht im Herbstgarten

Im Herbst verabschieden sich Stück für Stück die Grüntöne und machen den warmen Herbsttönen Platz. Ich liebe diese Jahreszeit mit ihrem sanften, diffusen Licht, das alles in einen Weichzeichner taucht. Die letzten Staudenblüten trotzen tapfer dem trüben Wetter, einige späte Akteure leuchten noch in stimmungsvollen Tönen.

Die Herbstastern bestimmen den Herbst und haben ihren großen Auftritt bis in den Oktober hinein. Sie verhelfen dem Garten mit ihren roten, blauen, violetten und weißen Blütensternen zu einem prachtvollen Glanz. Je nach Sorten werden sie 20 bis 150 cm hoch und locken hunderte von Bienen und Schmetterlinge an. Ganze Heerscharen tummeln sich in den hübschen Blüten. Damit die starken Winde die hohen Sorten nicht in die Knie zwingen, ist es sinnvoll, die Triebe mit Staudenhaltern zu stützen. Lassen Sie im Herbst die Blütenstände ruhig stehen, Sie tun den Wildvögeln und anderen Kleintieren damit einen Gefallen, denn die Samen sind sehr begehrt im Winter. Selbst die trockenen Stauden sehen zudem noch besser aus als das abgeerntete Stoppelfeld.

Der Eisenhut mit seinen helmartigen Einzelblüten an einer Blütentraube sorgt im Herbstgarten noch für das letzte kräftig leuchtende Blau. Die Solitärstaude kann stattliche 130 cm hoch werden und steht gerne auf nährstoffreichen, humosen Boden in sonniger bis halbschattiger Lage.

Die Fetthenne „Herbstfreude" hält den ganzen Winter ihre Form und erfreut im tristen Herbst mit dezenten rotbraunen Tupfern. Das Dickblattgewächs ist eine pflegeleichte Staude und fühlt sich an vielen Plätzen im Garten wohl. Als Trockenheitsspezialist, es speichert Wasser in seinen dicken Blättern, kommt es auch mit schwierigen Standorten zurecht.

Gerade auf Balkonen eignet sich die Besenheide bestens, um die Lücken zu füllen. Der immergrüne Zwergstrauch beginnt mit seiner Blühphase schon im Spätsommer und schiebt über den ganzen Herbst weiße, rosa- und erikafarbene Blüten nach. Zum Gedeihen braucht die Pflanze ein saures Substrat, was im Topf kein Problem ist. Denn mit ein bisschen Rhododendronerde überrascht die Pflanze mit einer enormen Blühfreude, die Sie genießen sollten.

Tipp

Ein bisschen Melancholie schwingt immer mit, wenn man die Sommerblüher abräumen muss, aber die Beete müssen nicht nackt und verwaist bleiben, denn es gibt einige Einzelkämpfer, die dem Frost trotzen.

Markgräfler Zwiebelkuchen

Für
8–10 Portionen

330 g Mehl
160 g Butter
1 Ei
Salz
800 g Zwiebeln
50 g Mehl
200 g Sahne
100 g Crème fraîche
2 Eier
½ Knoblauchzehe
Speckstreifen
Salz, Pfeffer, Paprika und Kümmel

Sicherlich kann man die Zwiebeln auch einlagern, aber jeder echte Badener will im Herbst seinen Markgräfler Zwiebelkuchen zusammen mit dem Neuen Süßen. Da müssen dann halt die Zwiebelvorräte herhalten, denn dieser Zwiebelkuchen ist unübertroffen.

■ Mehl, Butter, Ei und etwas Salz zu einem Teig verarbeiten, mindestens 30 Minuten kalt stellen.

■ Den Ofen auf 165 °C vorheizen. Mehl, Eier, Sahne und Crème fraîche zu einer glatten Masse verrühren, mit den Gewürzen abschmecken.

■ Die Zwiebeln schälen, klein schneiden und andünsten. Ohne Flüssigkeit zu der Ei-Mehl-Masse geben und alles vermengen. Den Teig auf einem Backblech ausrollen.

■ Die Mischung auf den Teig geben, die Speckstreifen darauf verteilen. Den Zwiebelkuchen etwa 30 Minuten backen.

Zwiebelbutter

Für
8–12 Portionen

2 Gemüsezwiebeln
250 g Butter
Salz und Pfeffer

Die würzige Zwiebelbutter ist ein köstlicher Brotaufstrich, man kann damit aber auch herzhafte Saucen verfeinern.

■ Die Zwiebeln schälen und fein würfeln. Mit etwas Butter goldbraun anschwitzen und mit Salz und Pfeffer abschmecken.

■ Die restliche Butter hinzufügen und vorsichtig schmelzen lassen. Sie darf nicht braun werden.

■ Alles zusammen in ein sauberes Einmachglas füllen. Die Zwiebelbutter hält sich 2–3 Monate, wenn sie gut gekühlt ist.

Dank an die großzügigen Gartengötter

Der Kürbis ist botanisch gesehen eine dicke Beere, die leuchtend orange auf den schon abgeernteten Beeten liegt. Gerade zu Halloween erfreut er sich besonderer Beliebtheit.

Im Herbst, wenn die Felder und Gärten abgeerntet sind, gibt es gerade in ländlichen Gegenden einen wunderbaren Brauch: das Erntedankfest. Schon in der vorchristlichen Zeit wurde es gefeiert, in der heutigen Zeit ist es ein christliches Fest, das mit einer Prozession oder einem Kirchenfest begangen wird. Mit diesem Fest soll in Dankbarkeit an die Ernten in der Landwirtschaft und den Gärten erinnert werden, indem man Feldfrüchte, Getreide, Gemüse und Obst dekorativ in der Kirche aufstellt. Die Erntegaben werden anschließend an karitative Einrichtungen verteilt.

Erntedankfeste werden auch in anderen Kulturen gefeiert, und auch wir wollen das Fest begehen. Unsere Gärten oder Balkone haben zu unserer Ernährung beigetragen und dafür wollen wir uns bedanken. Ein kleiner Erntekorb, eine Schale mit Obst oder Gemüse, hübsch angerichtet, und wir sagen den Gartengöttern vielen Dank.

Es wird wohl das letzte Fest des Jahres im Garten sein, denn die ersten Herbstnebel ziehen auf und bringen Kälte mit. Darum richten wir es besonders liebevoll her. Der Kürbis gehört unbedingt dazu, denn dieser Tausendsassa ist nicht nur eine kulinarische Delikatesse und ein Naturheilmittel, er ist auch eine Zierde für den Garten und den Balkon. Als Vase wird er üppig mit Herbstblumen und dekorativen Gräsern gefüllt, zu Halloween macht er ein lustiges Fratzengesicht als Windlicht. Die kleinen Zierkürbisse

in Grün-Weiß, Gelb und Orange sehen auch sehr dekorativ auf dem Tisch und der Fensterbank aus. Das Erntedankfest ist ohne das satte Orange des Kürbis und das Gelb der letzten Sonnenblumen wie ein Winter ohne Schnee.

Aufgetischt wird alles, was der Garten noch so zu bieten hat: Vom Kürbis war schon die Rede, aber auch Wirsing, Möhren, Zwiebeln oder Äpfel füllen noch die Schüsseln und Töpfe. Die Weintrauben sind die letzte fruchtige Ergänzung neben dem Käse, vorausgesetzt die Amseln haben sich bereiterklärt, die köstlichen Beeren mit Ihnen zu teilen.

Die Ernte konservieren

Die Tiefkühltruhe ist gut gefüllt, die Einmachgläser mit Obst und die Konfitüren stehen schön aufgereiht in der Speisekammer, aber im Garten sind immer noch einige Beete, die es abzuernten gilt, und an den Apfelbäumen hängen noch die späten Sorten.

Einen Teil der reichen Apfelernte haben wir ja schon in Konfitüren und Dörrobst verwandelt, aber die Bäume hängen immer noch voll. Einige Apfelsorten kann man gut einlagern, dabei sollte das Obst in dieser Zeit weder zu schnell reifen noch verfaulen. Daher kann nur gesundes, unbeschädigtes Obst in die Kiste. Die Lufttemperatur muss konstant bei 2 °C bis 6 °C liegen und die Luftfeuchtigkeit bei rund 90 %. Doch welcher Keller kann das noch bieten? Die meisten Unterkellerungen sind Heizungskeller mit Betonböden und somit ungeeignet. Der trickreiche Gärtner hängt die Ernte in Gemüsenetze in den Fensterschacht, der allerdings vor Regen geschützt sein muss.
Für alle Glücklichen, die noch einen Lagerkeller haben: Packen Sie Ihre sauberen, trockenen Äpfel in eine mit Folie umhüllte Obstkiste oder in eine mit Styropor isolierte Holzkiste. Das Problem der hohen Luftfeuchtigkeit können Sie mit Folienbeuteln umgehen.

Die Birnen sind zwar etwas empfindlicher und lassen sich nicht so lange lagern wie Äpfel, aber ansonsten werden sie genauso aufbewahrt.

Das Laub der Zwiebeln ist noch nicht vergilbt, ziehen Sie sie trotzdem aus dem Boden, denn sonst treiben sie aus und lassen sich schlecht lagern. Kühl, trocken, luftig und lichtgeschützt sollten sie aufbewahrt werden, hängend in Gemüsenetzen halten sie bis zu sechs Monate.

Eine Erdmiete erinnert mich eigentlich an Landwirtschaft, aber in einer kleinen Miete im Frühbeet können sie tatsächlich das Wurzelgemüse den ganzen Winter über frisch halten.
Rote Bete, Rettich, Sellerie, Möhren und Pastinake kommen in den Sandkasten, denn dort bleiben sie eine ganze Weile frisch, wenn man sie ungewaschen in dem sauberen, feuchten Sand lagert.

Auf dem Beet auf ihren Einsatz warten dürfen hingegen Feldsalat, Rosenkohl, Grünkohl und Schwarzwurzeln, denn dort halten sie sich am besten.

Tipp

Wichtig! Lagern Sie weder die Birnen noch sonst ein Gemüse oder Obst in der Nähe der Äpfel, denn diese beeinflussen den Reifeprozess und auch den Geschmack.

Apfel-Marzipan-Konfitüre

Für
6–7 Gläser
à 200 ml

1,5 kg Äpfel
150 g Marzipan-rohmasse
6 Tropfen Bitter-mandelöl
100 ml Amaretto
500 g Gelierzucker 3:1
Saft einer Zitrone
Sternanis

Für alle Gartenliebhaber, die den fruchtigen Geschmack ihrer Äpfel gerne auch mit in den Winter nehmen. Eine Apfel-Marzipan-Konfitüre, die schon im Herbst nach Weihnachten schmeckt.

■ Die Äpfel schälen, entkernen und in kleine Stücke schneiden.

■ Mit ca. 150 ml Wasser und der Hälfte des Zitronensafts aufkochen, ein paar Minuten köcheln lassen und dann die Masse pürieren.

■ Anschließend den restlichen Zitronensaft und die Marzipanrohmasse unterrühren, den Gelierzucker und das Bittermandelöl ebenfalls zugeben und alles noch einige Minuten kochen lassen. Zum Schluss den Amaretto einrühren.

■ Die Gelierprobe machen. Anschließend in saubere Gläser füllen, einige Sternanis auflegen, die Gläser fest verschließen und auf dem Kopf gestellt auskühlen lassen.

Tipp

Schmeckt auch hervorragend zu Eierpfannkuchen oder auf dem Frühstücksbrot.

Kürbiskonfitüre mit Apfel und Zimt

Für
8–10 Gläser
à 200 ml

1 kg Äpfel
1 kg Kürbisfleisch
3 Zimtstangen
3 Sternanis
1 kg Gelierzucker 2:1
1 Päckchen Zitronensäure

Die Kürbisse und die Äpfel sind gleichzeitig reif, warum nicht den Versuch wagen und sie zusammen zu einer Konfitüre verarbeiten? Zimt und Sternanis stimmen mit ihrem Duft auf Weihnachten ein, und die Konfitüre schmeckt einfach köstlich, nicht nur auf dem Brot, sondern auch zu Pfannkuchen oder im Naturjoghurt.

■ Die Äpfel schälen, entkernen und vierteln. Das Kürbisfleisch ggf. schälen und ebenfalls würfeln. Zusammen mit den Zimtstangen und nach Belieben dem Sternanis in einem Topf aufkochen, bis alles eine weiche Konsistenz hat.

■ Den Gelierzucker hinzufügen und alles etwa 3–4 Minuten kochen lassen.

■ Die Gelierprobe machen, die Zimtstangen und den Sternanis entfernen und die Konfitüre in saubere Gläser füllen. Auf einem Küchentuch auf den Kopf gestellt auskühlen lassen.

Im Herbst ab in den Frühling

Im Herbst müssen sie in die Erde, noch vor dem ersten Frost, denn dann können uns die fröhlichen Krokusse und die farbenfrohen Tulpen und Narzissen ab Februar begrüßen. In meinem Garten herrscht dann ein farbenfrohes Gedränge.
Damit auch Sie die Farbenpracht und das erste Grün im zeitigen Frühjahr genießen können, sollten Sie jetzt die Ärmel hochkrempeln, denn die Zwiebeln müssen gesteckt werden! Sie brauchen eine Kälteperiode, nur so treiben sie aus und können uns im Frühjahr erfreuen.

Das Pflanzen ist denkbar einfach, die großen Zwiebeln müssen tiefer in die Erde, also etwa 15 cm, die kleineren wie die der Krokusse nur etwa 5 cm. Die Spitzen sollten immer nach oben schauen.

Die Krokusse lassen sich auch im Kübel ziehen. Sie möchten einen sonnigen Standort und Blumenerde mit etwas Sand gemischt. Mäßiges Gießen reicht ihnen, dann erfreuen Sie uns nicht nur im Garten sondern auch auf dem Balkon.

Der Märzenbecher ist sehr anspruchslos und verzaubert uns, wie der Name schon sagt, im März und April. Er steht gerne halbschattig bis sonnig und mag es nass, auch während der Blüte.

Das robuste Blausternchen zeigt seine blauen Sterne gerne als Unterpflanzung für Tulpen und mag es halbschattig und feucht, kann aber Staunässe nicht leiden.

Der Klassiker unter den Fensterbrettblühern, die Hyazinthe, besticht durch ihren Duft. Die Zwiebeln sollten sich in der Erde nicht berühren. Man kann besonders große Zwiebeln auch in ein Wasserglas stellen. An einem dunklen, kühlen Platz können gesunde Wurzeln ausgebildet werden. Nach der Knospenbildung heißt es dann ab ins Sonnenlicht, dann können wir es gar nicht mehr erwarten, bis sich die ersten Blüten zeigen, auch während draußen noch der Schneesturm tobt.

Tipp

Einige der Frühlingsboten lassen sich auch in Töpfen vorziehen und verschönern so auch Balkone und Fensterbretter.

Blumensamen für das nächste Jahr

Bunte Samenpflanzen: Frühlingsplatterbse und Lupine geben schon bald im Jahr dem Garten Farbe.

So langsam neigt sich die Blütezeit der meisten Pflanzen dem Ende zu, und es ist an der Zeit, die Samen einzusammeln. Der Samen sollte trocken, luftig und möglichst dunkel gelagert werden. Am besten eignen sich dafür kleine Döschen oder lichtundurchlässige Tüten.

Die Stockrose lebt nur 2 Jahre, wobei sie im ersten Jahr die Blattrosen ausbildet und sich im zweiten lang macht und blüht. Bevor sie aber im Spätsommer vertrocknet, sorgt sie für reichlich Nachkommen und die Samen keimen bereitwillig meist schon zu den Füßen der Mutterpflanze.

Auch die Lupine meint es gut mit dem Gärtner und liefert reichlich Schoten, die getrocknet den Samen für die Blütenpracht des nächsten Jahres enthalten. Obwohl die Lupine mehrjährig ist, sollte man doch ab und zu neue Pflanzen nachsäen.

Die Wicken und Winden sind die Klassiker unter den Ranken. Da sie häufig einjährig sind, produzieren sie auch eine große Stückzahl an Samen. Auch die Kapuzinerkresse bildet viele Samen, die sie auch gerne selber aussät.

Sonnenblumen gehören eigentlich zum Pflichtprogramm in jedem Schrebergarten, aber auch auf dem Balkon gedeihen die kleineren Sorten sehr gut. Um für Nachwuchs im nächsten Jahr zu sorgen, sollten die verblühten Samenstände entweder abge-

schnitten und sorgfältig getrocknet werden. Oder man überlässt den Vögeln die Aussaat und lässt sich überraschen, wo und wie viele Sonnenblumen im nächsten Jahr wachsen.

Auch die Samenstände der Kräuter wie Petersilie, Fenchel und Dill sind vertrocknet und bevor sie sich von selbst aussäen, ist es an der Zeit, sie vorsichtig abzuschütteln. Am besten sammelt man sie in einer großen Schüssel und tütet sie dann ein. Das Beschriften nicht vergessen oder sich einfach bei der nächsten Aussaat überraschen lassen!

Herbstdeko

Wenn sich der Sommer dem Ende neigt, sich die Blätter bunt färben und das Licht golden wird, dann ist er da, der Herbst. Das Geheimnis der herbstlichen Schönheit sind die glühenden Farben der Natur, die ebenso tiefgründig wie satt sind. Es blüht jetzt alles, was Sie für eine schöne Herbstdekoration im Haus brauchen. Wenn die Gehölze geschnitten werden, dann sammeln Sie die Zweige, vor allem die mit den schönen Beeren und pflücken Sie die letzten Gräser. So holen Sie sich die Farbenpracht auch ins Haus, denn die schönsten Zutaten für selbst gebundene Kränze und Sträuße liefert die Natur.

Herzförmige Steckformen sind hier die Heimat von Herbstblumen und Beeren, sowie kleinen Äpfeln und Mohnkapseln. Aber auch Kastanien, Hagebutten, Moos, Holunderbeeren oder bemooste Äste und schön gefärbte Blätter bieten sich an, um daraus eine bezaubernde Herbstdekoration zu schaffen.
Holz und Filz sorgen auch für eine rustikale Note, ebenso wie alpine Motive zusammen mit rot-weißen Bändern, die der Dekoration einen süddeutschen Touch verleihen.

Eine hübsche Dekorationsidee nicht nur im Herbst ist die Präsentation der Gläser, die einfach mit Bast an ein Holzregal gebunden werden.

Die Farben Brombeere zusammen mit Pink, Lila und Orange vereinen die schönsten Herbstfarben und zeigen sich hier mit dem Efeu, der Hagebutten und der Lampionblume als farbenfrohe Dekoration für das Windlicht, das in einem Glas steckt.

Was wäre der Herbst ohne Nüsse? Hier wurden sie dekorativ in Tüten aus Packpapier gesteckt und in einem Körbchen aus Draht platziert. So sind sie nicht nur Deko, sondern stehen auch griffbereit für eine kleine Nascherei zwischendurch auf dem Tisch.

Die wunderbar gefärbten Blätter sind der wahre Schatz des Herbstes. Einige Tage in Glyzerin gestellt, dann bleibt die Schönheit noch lange erhalten, denn die Behandlung macht die spröden Schönheiten geschmeidig und haltbar.

Die herrlichen Farbkontraste des Herbstlaubes lassen sich auch durch Pressen der Blätter einfangen. Dieser Blätterschmuck lässt sich zu wunderschönen Tischdekorationen und Fensterschmuck verarbeiten.

Winter – Garten ade ...

Was ist noch zu tun im winterlichen Garten?

Die Farbenpracht des Herbstes ist dem tristen Braun und Grau des Winters gewichen und man kann nur auf den ersten Schnee oder Raureif hoffen, der die nackte Erde zudeckt und dem Garten wieder ein attraktives Gesicht gibt.

Nach dem Abräumen der Beete im Herbst entsteht ein neuer, weiter Blick auf den Garten, und die Strukturen werden wieder sichtbar. Standfeste Stauden und schöne Samenstände sind stehengeblieben und verzaubern den Garten in den Wintermonaten, wenn sie mit Raureif oder Schnee bedeckt sind. Zudem bieten sie vielen Kleintieren geeignete Überwinterungsmöglichkeiten und Futterquellen in der kalten Jahreszeit.

Der Herbst hat sich als arbeitsintensiv erwiesen, nun geht es im Garten umso ruhiger und geruhsamer zu. Es ist endlich einmal Zeit, sich um die Gartengeräte zu kümmern. Gartenscheren und Messer schneiden gut, wenn sie sorgfältig gepflegt und geschärft werden. Für das Säubern und Einölen ist jetzt die richtige Zeit.

Frisch gepflanzte Erdbeeren mit Stroh oder Reisig abdecken, besonders, wenn die frostigen Perioden einsetzten und der Schnee nicht sein schützendes Mäntelchen über den Pflanzen ausbreitet.

Schneebruch bei Nadelgehölzen lässt sich verhindern, indem man die Zweige zusammenbindet.

Vergessen Sie nicht, Ihr Obst- und Gemüselager regelmäßig zu kontrollieren, denn ein fauler Apfel kann die ganze Apfelkiste zunichte machen.

An frostigen Wintertagen freuen sich die kleinen, gefiederten Untermieter über eine Extraportion Körner, Beeren oder Haferflocken. Die Amsel und der Star haben sicher Appetit auf Rosinen, aber auch Weichfutter mit Haferflocken, Beeren und Kleie nehmen sie gerne, wie auch das Rotkehlchen oder der Zaunkönig. Erdnüsse und Sojakerne liefern reichlich Energie in den sehr kalten Monaten und die Sonnenblumenkerne sind der Klassiker auf der Vogelspeisekarte.

Was wächst und blüht noch im Winter?

Tipp

Auch die Beete sind immer noch nicht abgeerntet, dort stehen noch dekorativ der Grünkohl und der Rosenkohl im hauseigenen Kühlschrank, denn jetzt schmecken die beiden am besten.

Sie zaubern Farbtupfer in den Schnee, die Frühaufsteher unter den Pflanzen. Bereits im Januar geht es los, da trauen sich die ersten Blüten aus der Erde, und der Gärtner freut sich auf das, was noch kommt.

Die putzigen Gelben

Die putzigen, gelben Winterlinge nutzen die Chance, wenn die Bäume noch kahl sind, einige Sonnenstrahlen einzufangen und bedanken sich mit gelben Blüten auf strahlend grünen Hochblättern.

Die robuste Zarte

Das zarte, winterharte Alpenveilchen schaut fast schüchtern aus dem Schnee, aber es ist in Wirklichkeit sehr robust. Es steckt auch die tiefsten Temperaturen weg und entzückt uns mit einem hübschen Blütenteppich.

Die Trotzige

Die edle, weiße Christrose schiebt sich trotzig durch die Schneedecke und ignoriert die winterliche Kälte. Darum wird sie auch Schneerose genannt. Schon im 16. Jahrhundert fand sie sich in europäischen Gärten, vor allem, weil sie in der Pflanzenheilkunde eine Rolle als Herzmedikament spielt.

Das weiße Tapfere

Das Schneeglöckchen macht seinem Namen alle Ehre, denn es kämpft sich selbst durch dichte Schneedecken und lässt einen Hauch von Frühling erahnen.

Die Prachtvolle

In der Wintersonne leuchten die auffälligen Blüten der Zaubernuss, die an grauen Wintertagen den Gartenbesucher erfreuen. Jeder Blütenstand entfaltet vier Blüten, mit fadenartigen Blütenblättern.

Die Frühstarterin

Auch unter den heimischen Gehölzen gibt es Frühstarter wie die Kornelkirsche, die mit ihren farbenfrohen gelben Dolden einen winterlichen Blickfang bietet.

Der Klassiker

Der Winterjasmin ist ein Klassiker unter den Frühaufstehern, erstrahlt er doch in sonnigem Goldgelb. Kein Strauch wirkt luftiger und frischer als er, wenn er an einer geschützten Stelle schon im Dezember oder Januar unser Auge erfreut.

Lieblingsgericht Wintereintopf

Für 4–6 Portionen

400 g Rinderkeule oder anderes Suppenfleisch
3 Schalotten
1 Lorbeerblatt
6 Pfefferkörner
2 Zweige Majoran
Salz
2 Kartoffeln
10 Rosenkohlröschen
1/2 Sellerieknolle
2 Möhren
1 Pastinake oder Petersilienwurzel
1/4 Stange Lauch
4–5 Blätter vom Palmkohl
100 g Nudeln

Die Beete sind fast abgeerntet und der Raureif liegt über dem letzten Gemüse, das noch auf seinen Einsatz wartet. Die Röschen des Rosenkohls kleben am Stamm und auch der Palmkohl und der Lauch stehen auf dem Beet bereit. Alles zusammen wird hier zu einem echten Lieblingsgericht verarbeitet.

■ In einem großen Topf 1,5 l Wasser mit etwas Salz aufkochen, das Rindfleisch hineinlegen.

■ Die Schalotten schälen und halbieren, zusammen mit den Gewürzen zum Fleisch geben und etwa 90 Minuten ohne Deckel leise vor sich hin köcheln lassen.

■ Die Kartoffeln schälen und in feine Würfel schneiden. Am Ende der Kochzeit das Fleisch herausnehmen, die Gewürze entfernen und die gewürfelten Kartoffeln in der Brühe kochen lassen.

■ In der Zwischenzeit den Rosenkohl putzen und die Strünke kreuzweise einscheiden. Die Sellerieknolle, die Möhren und die Pastinake schälen und würfeln.

■ Das vorbereitete Gemüse zu den Kartoffeln geben und gar kochen lassen. Die Nudeln gesondert nach Packungsanweisung kochen.

■ Den Lauch putzen und in Ringe schneiden, den Palmkohl waschen und klein schneiden. Lauch und Palmkohl gegen Ende der Garzeit zum übrigen Gemüse hinzufügen.

■ Das Rindfleisch würfeln und ebenfalls hinzufügen und das Ganze noch mit Salz abschmecken.

■ Die bereits fertig gekochten Nudeln ganz zum Schluss zum Eintopf geben.

Kartoffelgratin mit Rosenkohl

Für 4–6 Portionen

- 500 g Rosenkohl
- 500 g Kartoffeln
- 3/4 l Gemüsebrühe
- 3 Zwiebeln
- Olivenöl
- 150 g Schmand
- 150 g Gouda
- Butter
- Salz, Pfeffer und Kreuzkümmel

Der Rosenkohl ist das kleinste Mitglied der Kohlfamilie und passt hervorragend zu Kartoffeln. Er schmeckt am besten nach dem ersten Frost. Wer besonders viele Röschen ernten möchte, bricht im September die oberste Knospe aus und sechs Wochen später sind die grünen Kugeln erntereif.

■ Den Rosenkohl säubern und die Strünke kreuzweise einschneiden. Die Kartoffeln schälen und in Scheiben schneiden.

■ Kohl und Kartoffeln in der Brühe kurz garen, dann abgießen. Die Zwiebeln schälen, würfeln und in heißem Öl anbraten.

■ Eine ofenfeste Form mit Butter ausstreichen, die Kartoffelscheiben und die Röschen abwechselnd einschichten und die Zwiebeln darüberstreuen.

■ Den Ofen auf 150 °C vorheizen. Den Schmand mit Salz, Pfeffer und Kreuzkümmel abschmecken und über dem Auslauf verteilen. Den Käse reiben und darüberstreuen.

■ Den Auflauf im vorgeheizten Ofen auf der mittleren Schiene etwa 20 Minuten überbacken.

Grünkohl, die schnellwüchsige Blattkohlart

Die Jungpflanzen sind schon seit Mai im Frühbeet vorgezogen und haben sich zu stattlichen Kohlfächern entwickelt. Nicht umsonst heißt der Grünkohl in der Schweiz auch Federkohl und wird im Norden als Friesische Palme bezeichnet.
Der Grünkohl will einen pH-neutralen Boden und verträgt sich gut mit Spinat, Sellerie, Rhabarber, Radieschen, Salat, Lauch, Gurken und Erbsen, sollte aber, wie fast alle Kohlsorten nicht mehrere Jahre am gleichen Platz angebaut werden, um Krankheiten vorzubeugen. Sind alle Anforderungen erfüllt, erfreut uns der Grünkohl auch im Winter noch mit seinem Anblick, zuerst im Garten, dann auf dem Teller.

Grünkohl mit Pinkel

FÜR 6 PORTIONEN

3 kg frischer Grünkohl
3 Zwiebeln
Schweineschmalz oder Gänsefett
3/4–1 l Brühe
Salz und Zucker
4 EL Haferflocken
500 g Kassler vom Stiel oder 1 dicke Scheibe Bauchspeck
6 Pinkelwürste oder Brühpolnische
6 Schinkenwürste

Grünkohl mit Pinkelwürsten ist ein norddeutsches Kultgericht, dessen Ursprung sich bis ins 16. Jahrhundert zurückverfolgen lässt. Da es im süddeutschen Raum aber nur sehr selten Pinkelwürste gibt, kann man gut auf Brühpolnische oder Schinkenwürste ausweichen. Nur grob und fett müssen sie sein!

■ Den Kohl gründlich waschen, von den Rispen streifen und in Streifen schneiden. Meine Mutter schnitt ihn immer ganz fein, ich bevorzuge ihn etwas gröber, denn ich mag den Biss beim Essen.

■ Die Zwiebeln schälen, würfeln und in dem Fett glasig dünsten. Dann den zerkleinerten Kohl hinzufügen, etwas Brühe angießen und den Kohl nach und nach zusammenfallen lassen.

■ Nach Belieben mit der restlichen Brühe aufgießen. Mit Salz und nach Belieben Zucker abschmecken und mit Haferflocken etwas ansämen.

■ Die Würstchen und das Kassler die letzten 10 Minuten im Topf ziehen lassen.

■ Dazu passen hervorragend Salzkartoffeln.

Der winterliche Garten

Wenn der erste Frost seinen weißen Schleier über den Garten legt, dann ist klar: Der Winter ist gekommen. Der erste frostige Morgen schickt alle Pflanzen in den Winterschlaf, und der Raureif streift seinen Glitzermantel über Bäume und Sträucher. Schließlich deckte der Schnee alles mit seiner weißen Decke zu.

Die letzten robusten Beeren schenken dem Garten noch etwas Farbe, und die Tannen und Koniferen zeigen sich im immergrünen Kleid. Sowohl ihre Zweige als auch ihre Zapfen sind ein großartiges Rohmaterial für Gestecke und Kränze, zusammen mit dem formschönen Ilex und dem Efeu, die ebenfals grün bleiben. Auch lose zusammengebunden oder einzeln ausgelegt sorgen Tannenzweige für winterliche Stimmung. Als rote oder gelbe Farbtupfer kommen auch gerne neben den Beeren kleine Äpfel oder Granatäpfel zum Einsatz, ebenso wie getrocknete Zitronen- oder Orangenscheiben.

Gerade zur Weihnachtszeit macht es besonders Spaß, den Garten in die weihnachtliche Dekoration mit einzubeziehen. Rot und Grün dominieren hier. Ganz traditionell.

Weihnachtlich wird die Dekoration durch rote Sterne aus Holz oder dickem Filz und festliche Schleifen. Selbstverständlich darf ein stimmungsvolles Windlicht oder eine Gartenlaterne nicht fehlen, genausowenig wie ein Tannenbaum.

Wenn sich dann die Natur unter einer winterlichen Schneedecke verkriecht, ist es Zeit, die im Herbst gesammelten Schätze wie Eukalyptus oder bemooste Zweige wieder hervorzuholen. Machen Sie ihr Fensterbrett damit zur Bühne. Vielleicht haben sich schon die standhaften Christrosen durch die Schneedecke geschoben und Sie können einen kleinen Strauß zusammenbinden, oder der zarte Winterjasmin zeigt seine ersten Blüten und verführt Sie dazu ihm einige Zweiglein abzuluchsen.

Denken Sie bei der Dekoration des winterlichen Gartens nicht nur an sich, auch die Vögel, die in der Heimat überwintern, freuen sich über kleine Aufmerksamkeiten. Selbst gemachte Fettknödel mit Rosinen, Nüssen und Kernen, schön angerichtet mit einigen Beeren und einem Tannenzapfen, liefern Ihnen die nötige Energie, um die kalte Jahreszeit zu überstehen. An den metallenen Haltern in Zapfenform können sich die Vögel gut festhalten, während sie ihren Festschmaus genießen.

Die kleinen, nützlichen Gartenhelfer

Sie krabbeln und fliegen, summen und brummen, die kleinen, nützlichen Gartenhelfer, die in unseren Gärten auf Blattlausjagd gehen oder unsere Obstbäume bestäuben. Schaffen Sie ihnen einen naturnahen Garten mit blühenden Pflanzen und Versteckmöglichkeiten.

Tipp

Wollen Sie den Nützlingen etwas Gutes tun, so bauen Sie ihnen ein Insektenhotel. Wildbienen, Hummeln, Wespen und Florfliegen sind Ihnen sicher dankbar für diese kleine Unterstützung. Ein sonnigwarmer Standort ohne Mittagshitze kann dieses Hotel sogar zur Brutstube machen.

Eifrige Hilfsmannschaft

Der hübsche Marienkäfer und seine Brut sind eifrige Bekämpfer der Blattlaus, genauso wie die Larven der Flor- und Schwebefliegen, die auch gerne einige Blattsauger und Spinnmilben zum Frühstück verspeisen. Die erwachsenen Tiere hingegen sind Vegetarier und ernähren sich ausschließlich von Nektar und Pollen.

Schädlingspolizei

Zur Schädlingspolizei gehört auch die Raubmilbe, die sich an der Spinnmilbe und der Brombeermilbe gütlich tut. In der ökologischen Landwirtschaft wird der kleine Nützling sogar großflächig zur Schädlingsbekämpfung eingesetzt.
An Blattläusen und Schmetterlingsraupen frisst sich auch der Ohrwurm satt und hat sich so einen guten Ruf als Nützling gesichert, auch wenn er gerne zwischendurch an weichen Blütenteilen knabbert.

Fleißige Bestäuber

Da etwa 80 % der Pflanzen, darunter auch Obstbäume auf eine Insektenbestäubung angewiesen sind, sollte man die fleißigen Bestäuber als gern gesehene Gäste in seinem Garten willkommen heißen. Wildbienen, Hummeln, Schwebefliegen oder Honigbienen sorgen dafür, dass unsere Bäume im Sommer Früchte tragen.

Heimeliges Zuhause

Damit die kleinen, fleißigen Arbeiter nicht in den Nachbargarten abwandern, schaffen Sie ihnen am besten ein heimeliges Zuhause. Reisighaufen, Trockenmauern oder auch Steinhaufen sind ein begehrtes Quartier. Der Ohrwurm nimmt ein Häuschen aus umgedrehten und mit Holzwolle gefüllten Tontöpfen gerne als Eigenheim an.

Um die Nützlinge bei Laune zu halten, sollte im Garten reichlich Blühendes vorhanden sein. Fenchel, Dill, Kerbel, Salbei, Thymian, Kugellauch, Lavendel, Borretsch, Sonnenhut oder Glockenblume, alle diese Pflanzen werden gerne von den fliegenden Einsatzkräften besucht.

Winterquartiere für kleine Helfer

Abgestorbene Blüten, die Borke alter Bäume, Herbstlaub, Ritzen in Holzwänden oder Steinmauern, da fühlen sich die kleinen Helfer im Winter wohl. Räumen Sie daher Ihren Garten nicht allzu gründlich auf und lassen Sie so den fleißigen Nützlingen einen Platz zum Überwintern.

Register

Rezeptverzeichnis

Bezugsquellen

Dekomaterial

British Garden – feel the tradition
www.britishgarden.at

Weckgläser und Flaschen
www.glaeserundflaschen.de

Keramikobjekte für den Garten
Brigitte Forstner
Blumenstraße 11
85764 Oberschleißheim
Tel.: 089-3159289

Gartenobjekte
Claudia Douglass
Hirschau 71
83355 Grabstätten
www.c.douglass.de

Homebliss
Gartenschätze
Jana Schweitzer
Heideweg 9
85107 Baar- Ebenhausen
www.homebliss.de

Gartentisch-Design
Ostermaier-Stoiß
Glonstraße 12
86510 Baindkirch
Tel.: 08202-9049605

Firma Rayher
Postfach 1462
88464 Laupheim
www.rayher-hobby.de

Stauden

Foerster-Stauden GmbH
Am Raubfang 6
14469 Potsdam-Berlin
www.foerster-stauden.de

Staudengärtnerei
Arends Maubach
Monschaustraße 76
42369 Wuppertal
www.arends-maubach.de

Staudengärtnerei
Gräfin von Zeppelin
Weinstraße 2
79295 Sulzburg-Laufen
www.graefin-v-zeppelin.de

Gesellschaft für Stauden
www.stauden.de

Zwiebelpflanzen

Albrecht Hoch OHG
Potsdamerstr. 40
14163 Berlin
www.albrechthoch.de

Blumenzwiebelversand
Bernd Schober
Stätzlinger Straße 94 a
86165 Augsburg
www.der-blumenzwiebelversand.de

Zwiebelgarten
Waldstetter Gasse 4
73505 Schwäbisch-Gmünd
www.zwiebelgarten.de

Saatgut

Gärtnerei Pöschke
Beuthener Straße 4
41561 Kaarst
www.poeschke.de

Bingenheimer Saatgut
Kranstraße 24
61209 Echzell-Bingenheim
www.bingenheimersaatgut.de

Kräuter

Rühlemanns Kräuter und Duft-
pflanzen
Auf dem Berg 2
27367 Horstedt
www.ruehlemann.de

Obstbäume

Gartenbaumschule Fuhs
Alfterer Straße 210
53347 Alfter
www.baumschule-fuhs.de

Baumschule Lappen
Herrenpfad 14
41334 Nettetal
www.lappen.de

Garten- und Gewächshäuser

Beckmann KG
Simoniusstraße 10
88239 Wangen/ Allgäu
www.beckmann-kg.de

Kleingartenverbände

LV Bayrischer Kleingartenverband
Steiermarkstraße 41
81241 München

Links zu Kleingartenvereinen und Verbände
www.kleingartenvereine.de

Guerilla Gardening und Grünpaten

Green City e.V.
Goethestraße 34
Rgb. 4.Stock
80336 München
sebastien.godon@greencity.de

Gartenpiraten Linksammlung
www.gartenpiraten.net

Windowfarming

www.windowfarming.org

Roofgardening

The New York Roof Deck and Roof Gardening
www.meetup.com/The-New-York-Roofdeck-and-Roofgardening-Meetup-Group

Selbsternte- und Gemeinschaftsgärten

in Berlin
www.bauerngarten.net
www.mundraub.org

in Hamburg und Lübeck
www.gaertnernmachtgluecklich.de

in München
http://www.muenchen.de/rathaus/Stadtverwaltung/Kommunalreferat/stadtgueter/krautgaerten.html

www.o-pflanzt-is.de

in Bonn
www.meine-ernte.de

Bildnachweis

Busch, Marlies: S. 26 rechts, 60 rechts, 94 rechts
Corbis: U1 (Ashley Cooper), S. 119 (I Love Images)
Dort, Martin: S. 32 links, 33, 41, 147
Eder, Michael: U4 links, S. 6 oben, 10 klein links, klein mitte, 12 beide, 15 alle, 16, 17, 18 beide, 19, 21, 22 alle klein, 24 beide, 25, 26 links, 27, 28 beide, 29, 30 beide, 31 beide, 32 rechts, 34 beide, 37, 38 alle, 40, 49, 52 beide, 53 beide, 56, 57, 60 links, 61, 65, 67 unten links, 72 beide, 73 beide, 74 beide, 75, 76 alle, 77 alle, 88, 92, 94 links, 102 alle, 103 alle, 105 oben links, unten links, unten rechts, 106 links, mitte, 107, 118 links, 121, 123, 131, 132 beide, 140, 148 alle, 163 alle
Flora Press: S. 43, 47 oben links, oben rechts, unten rechts
Fotolia: U4 mitte, S. 7 oben, 46 unten rechts, 50 rechts, 54 unten, 55 oben links, 68 beide, 69 beide, 71 beide, 86 beide, 108 beide, 138 oben links, oben rechts, 139 oben rechts, 145 oben rechts, unten links, unten rechts, 152 links, 154 beide
iStockphoto: S. 8 mitte, rechts, 48 links, 66, 67 oben rechts, 105 oben rechts, 106 rechts, 110 beide, 133 oben links, unten links, 138 unten links, 139 oben links, unten rechts, 145 oben links, 146 beide, 150 klein mitte, 155
Living4media: S. 4, 8 links, 9, 13 rechts, 22 groß, 23, 44 beide, 45, 62 groß, 112 alle, 113 oben rechts, unten links, unten rechts, 149 oben links, 161 unten rechts
Mauritius Images: S. 113 oben links (Jessie Walker)
Paxmann, Christine: U4 rechts, S. 6 unten, 10 groß, klein rechts, 11, 20 beide, 46 oben rechts, unten links, 47 unten links, 48 rechts, 50 links, 54 oben, 55 oben rechts, unten links, unten rechts, 62 klein mitte, klein rechts, 64 beide, 67 oben links, unten rechts, 94 mitte, 99, 114 alle, 117 alle, 118 rechts, 133 oben rechts, unten rechts
Shotshop: S. 7 unten, 138 unten rechts, 150 groß, klein links
Stockfood: S. 13 links, 35, 39, 42 unten, 46 oben links, 59, 62 klein links, 79, 81, 83 alle, 85, 87, 89, 91, 93, 95, 96 beide, 97, 101, 110, 120, 122, 124, 125, 126 alle, 127, 129, 130 beide, 135, 136 beide, 137, 139 unten links, 141, 143, 149 oben rechts, unten links, unten rechts, 150 klein rechts, 152 rechts, 153, 157, 159, 161 oben, unten links

ISBN 978-3-86362-011-0

Layout und Gestaltung: Christine Paxmann text • konzept • grafik, München

Alle Rezepte dieses Buches wurden mit Sorgfalt zusammengestellt und überprüft.
Eine Garantie kann jedoch nicht übernommen werden.

Printed in Italy 2013

Verlagswebsite: www.d-hverlag.de

FSC
www.fsc.org
MIX
Papier aus verantwortungsvollen Quellen
FSC® C015829